白象
如何做一碗中国好面

杨杨 ——— 著

万卷出版有限责任公司
VOLUMES PUBLISHING COMPANY

果麦文化 出品

目录

前言 001

第一章
做好一碗汤

让食材生产味道	011
用食材呈现颜色	018
绵延千年的汤文化	025
对汤的执着	031
跳入大锅捞骨渣	037
好喝是一个极难达到的标准	042
失败并不意味着放弃	049
"骨汤"大变革	058
开启骨汤泡面的新时代	069
鸡汤之旅	075
坚守中国味道	095

第二章

还原最地道的辣

109　　　　　走，买辣椒去
115　　　　　破解"大辣娇"的密码
118　　　　　做中国地道的辣面
124　　　　　灵感就隐藏在消费者的生活中
130　　　　　一截不寻常的辣椒段
136　　　　　吃辣也是一种情感需求

第三章

走街串巷

141　　　　　用美食唤醒人们对生活的热爱
146　　　　　一碗平价却高品质的蟹黄拌面
151　　　　　做一张全国美食地图
154　　　　　让产品关照到每一个人
157　　　　　让一整棵香菜陪伴你

第四章

做最好吃的面

一场漂亮的战役	163
面粉的秘密	167
大分量的满足	171
让面有滋有味	177
方面饼变圆面饼	182
弯面条变直面条	186
健康是最终的追求	191
100% 纯苦荞挂面——万年荞	196
在阳光房里晾晒的挂面	201
有"裙边"的魔法面条	207

第五章

让中国的好面走向世界

建设数字化工厂	213
成为最受社会信赖的食品企业	217
成为全球可信的中国食品品牌	223

前言

白象食品（以下简称"白象"）作为一家老牌企业突然间在近几年火爆全国，不仅产品销量呈现出指数级的增长，品牌形象更是深受老中青各年龄段消费者的喜爱，社会上每有涉及商业活动的重要话题出现，白象总是被称作良心企业的代表成为大家的讨论对象。综观全世界，生意能做到这个份上，应该是大多数经营者梦寐以求的效果。我亦有幸，在2023年受出版方委托就白象的故事写一本书。得益于这样的契机，我大量查阅了白象的企业发展史料且采访了众多岗位的职工——从白象的创始人姚忠良董事长开始一直到各个级别的管理、研发、质检和销售人员等。在漫长的采访、观察、思考和写作过程中，我自己被白象的创业故事深深触动。在最终成稿的过程中，我决定放弃用以宏大的叙事来描述白象集团近30年感人奋斗史的最初想法，而是从一个很小的命题展开——白象是如何做一碗中国好面的？尤其是在过去很长的一段时间里，白象到底做对了什么，才会取得今天这样令人肃然起敬的成就呢？

就我个人的感受而言，白象的成功主要应该归功于其企业文化的纯粹性——从始至终，白象人一直相信"心诚则灵"这句尽人皆知的古训。这句听起来没什么特别之处的大道理，看起来也好像简单得不能再简单，但如果有人真的要实践起来，却要付出难以想象的艰辛。今天，我从三个不同的角度来阐述一下我自己的观察和思考，供读者朋友们批评和指正。

第一个方面，就是"信念"绝不动摇。在白象集团的企业文化里面，排在第一行的就是企业信念，而"信念"一栏只有两个字——"至诚"。很难想象，一家员工过万人，年营业收入上百亿元的大型企业，对自我价值的根本认定是"至诚"这么朴素的一个词语。在对"至诚"一说的具体解释上，白象人的描述是"作为食品企业，**白象一直以至诚之心服务消费者，提供自然美味的食品，成为消费者心目中的优选品牌；我们以至诚之心帮助员工，成就员工；我们以至诚之心与合作单位互助共赢。秉承至诚之信念，坚定前行**"。关于这一点，我在采访的过程中深有体会。一开始，我以为这种企业文化的文字只是各种机构自我标榜的宣传口号，但在白象集团的整个系统，"至诚"的信念却是谁也不能碰触的底线，是一切经营活动的基本原则。很明显的一个例子就是在媒体上流传着各种各样关于白象帮助弱势群体、积极赈灾救灾，热心社会公益活动的事件，而这些事件的新闻源头，没有一个是白象集团主动对外传播的。我曾经好奇地问姚忠良先生："白象和您个人做了那么多好事，比网上盛传的要多得多，可是为什么白象不借此好好地向社会各界宣传呢？这是多好的宣传素材！"而姚忠良先生的回答是这样的，他说："就我个人的看法，这些都算不上什么值得炫耀的事情，说白了只是一家企业或者个人的正常行为，就像你有一个朋友在生活上遇到了一些小困难，你在自己有限的能力范围内提供一些小的帮助，然后你会到处去说这件事吗？企业作为社会的一部分，与所有人应该都是朋友关系，遇到了事情帮点儿小忙，这有什么可说的？"说实话，姚忠良先生的回答很令我触动，我们都知道道理就是这么个道理，可是真的在经营企业的时候还能够这样做，确实不容易。从这件小事开始，我在后来的采访中就特别关注"至诚"这个细节。整体来说，白象职工对企业的这个信念是高度认同的，而且坚持得非常好，这对我后面的工作也产生了非常积极的影响。

第二个方面，是把"价值观"作为行为准则。白象集团的企业价值观是由三个词组构成的一个通俗易懂的短句——"友好、负责任、实实在在"。

2022、2023 年，对白象来说是特殊而重要的年份。这个已经成立 26 年，完整经历了中国方便面行业重要发展历史的老大哥，以全新的姿态成了闪耀的明星品牌。在这两年的时间内，白象实现了全网方便面销售量第一，对很多年轻人来说曾经稍显陌生的白象，如今成了他们眼中大名鼎鼎的国货之光。对于今天所收获的这一切，外界也许会十分好奇到底发生了什么，但白象人并不意外。这是他们在2021年开始进行二次创业时设定的目标，更是他们20多年如一日秉承"友好、负责任、实实在在"的价值观做产品所带来的必然结果。

在白象所有的产品中，我们都能体会到企业"价值观"的痕迹。无论是20世纪90年代，为了满足消费者吃饱的需求，大刀阔斧地改造生产线，以低价为消费者提供大分量方便面，还是随着消费者需求的提升，不惜花费巨大的成本，研发真正的高汤面，让消费者用老火慢炖的骨汤代替纯开水来泡面，一直到后来为面条建造阳光房，不惜耗费大量的时间来让面慢慢晒干，为消费者生产出像妈妈的手擀面那样的速食面条……白象人一直坚持用"友好、负责任、实实在在"这一行为准则来为消费者提供他们需要的好产品。

第三个方面，就是"使命"必达的决心。白象集团的企业文化对"企业使命"的解释为"追求全体员工物质与精神两方面的幸福，致力于提供自然美味的食品。在追求全体员工物质与精神两方面幸福的同时，致力于通过不懈的技术研发、持之以恒的良知经营，尊重食物原有的天然养分与味觉体验，尊重消费者对食物的感受和选择，不断地向社会提供自然美味的食品"。很显然，白象集团的企业使命是经过深思熟虑的战略思考才得以确定的——说是企业的使命，其实更像是白象研发的"最高指示"。在白象 27 年的发展历史中，除了早期从 0 到 1 的飞跃，2022、2023 年是鲜有的飞速发展的年份。"慢慢来，不着急"是姚忠良经常和员工说的一句话，他让大家把速度慢下来，把全部的心思都用在产品研发上。所有的白象人都因此有了一个共同的目标，整天琢磨着怎么样才能做出真正的好产品。至于利润，永远是他们要放在第二位思考的问题。于是在十几年之前，白象就已经制定出一套产品研发流程：去全国各地寻找最满意的味型，与名厨合作，制作出标杆性的菜品，按照这个标杆进行工业化生产的研发。这个过程极为烦琐，一款产品的研发过程往往要耗费很长时间，但是白象最不怕的就是"慢"。在无数精益求精的慢日子里，一款又一款真正为消费者着想、满足消费者需求、能够打动人心的产品就这样出现了。如今，虽然白象的产品种类越来越丰富，可是产品研发的流程并没有丝毫简化。用工业化的方式还原中华传统美食是白象的企业使命，他们希望做出与家庭美食相媲美，甚至在风味和品质上超越家庭美食的速食产品。这是一个很高的目标，他们唯有在研发上踏踏实实地下功夫，把产品的每一个细节都做好，才有可能实现。而 20 多年来，白象也一直都是这么做的。

一款产品从研发到生产再到上市，涉及无数个环节，而每一个环节都对最终的产品有着决定性的影响。食品工业的发展最大的优势就在于对每一个环节都制定了相应的标准，而白象的标准永远高于行业标准。白象对于产品的把控是从原材料开始的，做老母鸡汤的鸡要选用哪里产的多大年龄的鸡，螃蟹要用什么品种的，香菜得用多长的，辣椒片要磨成多大的，豆皮该卷成多紧的……每一个环节，都有着近乎严苛的要求。而对于生产的过程，白象更是不会有丝毫的松懈，为了达到理想的口味或者生产的安全性，升级设备、改造甚至替换生产线也是常有的事。一款产品的生产，需要不同的供应商的配合，对于各个环节的供应商，白象除了制定严格的流程和方法进行监管之外，还要时刻保证供应商的利润。只有供应商有钱赚，才不会在安全和品质上打折扣，而白象才有条件确保最终生产出好产品。姚忠良先生一直认为一个行业的发展不是靠一两家企业就能做到的，它需要全行业的健康发展。而白象正在通过自己强大的研发能力、技术优势，带动方便食品上下游产业的发展，引领整个行业达到更高的水平。

"做食品就是做良心，食品企业怎么能在安全上出问题呢？出一点点问题都是伤天害理的事。"这是姚忠良先生二十几年来反反复复跟员工强调的一句话。踏踏实实地做了二十几年的产品，白象从河南粮食系统的一家小企业成长为享誉全国的"国民品牌",其背后的付出是难以用简单几句话说清楚的,更不可能通过简单的定义来描述它成功的真正原因。作为一个写作者,我努力地依靠个人的观察和思考对纷繁的史料和海量的采访信息进行归类和提炼,希望能为读者朋友提供一个了解白象的简单视角——对于白象是如何做一碗中国好面的这么一个具体但复杂的议题,我的看法带有明显的主观色彩,其中的主要原因是笔者的水平有限,欢迎各位读者朋友多多批评。

目前,受经济周期和其他复杂原因的影响,全球各地的企业都遇到了前所未有的挑战,而白象集团却逆势而上,收获了巨大的成功,这无疑是一个非常令人振奋的好消息。我知道很多人都想了解白象,那么如果本书的出版能为更多的经营者提供一些有价值的信息,我想这不仅是姚忠良先生乐意看到的,也是我对大家的一丁点回报。

第一章

做好一碗汤

> "消费者在家里吃到的是什么样的食品,白象就做什么样的食品。"

让食材生产味道

距离 2024 年的到来还有 5 天的时间,不过白象位于河南省新郑市的产品研发中心似乎已经有了年的味道。黄仁传和助手围着灶台,片鸭、剁鸡、切排骨、砍猪蹄、泡发干贝……这些食材绝大部分都是从新郑的市场上买来的,但有一部分是黄仁传从厦门带来的"秘制"材料。白象的产品研发人员非常熟练地成了黄仁传的帮厨,看样子他们对这份工作已经非常熟悉了。他们忙着清点原材料,在本子上做着详细的记录,清洗食材,给食材焯水……这些食材在咕嘟咕嘟的沸水中翻滚着,温度恰到好处地激发出了隐藏在食材深处的味道。没过多久,整个研发中心就弥漫起不同食物散发出来的香味。约莫两个小时以后,所有的食材都处理完毕,接下来它们会按照不同的时间和顺序被放入锅内。黄仁传说在什么时间和温度烹饪什么食材是极为讲究的,只有处理得恰到好处,各种食材才会在锅里相互渗透,互为补充,而菜品独特的鲜味就是在这种既复杂又微妙的变化中一点点产生的。有些人闭上了眼睛，在仔细地感受20多种食材所带来的香气。那香气是很独特的，既有泥土的感觉，也有大海的痕迹，它们丰富而立体，一层一层地在人们面前铺散开来。此后，任务就要交给时间了，经过8个小时的煨煲，那极富层次感的鲜味一点一点被释放到了汤里，这一道金汤佛跳墙也就烹制完成了。这是白象在为新的方便面或者其他面类产品所进行的汤底的研发和储备工作。

负责烹制这款金汤佛跳墙的主厨黄仁传是中国烹饪协会中式菜肴研发中心的研发专家，也是国宝级烹饪大师、闽菜泰斗童辉星的弟子。这是他第二次从厦门到白象总部的研发中心，和同事们一起进行菜品的研发工作。

佛跳墙是中国的传统名汤，由大量珍贵的食材烹制而成，不仅十分美味，还有极大的营养和滋补功效。虽然佛跳墙的历史十分悠久，大约在1900年就已经出现了，但是真正走入国人视野还是在它作为钓鱼台国宴汤品招待各国元首之后。此后，这一福建第一名汤受到了越来越多普通老百姓的喜爱，在人们看重的一些重大仪式上，例如婚宴、寿宴，它成了很多人的选择。不过总的来说，佛跳墙还是高端菜品的代表，不是餐桌上常见的美食。毕竟一次备齐二十几种山珍海味，且要对它们进行复杂的烹制，多少会让人望而却步。正是考虑到佛跳墙的营养美味以及制作的复杂性，白象才决定进行佛跳墙工业化生产的研发。这样做最大的好处就是能让这款高端、烹制复杂的菜品变得简单易做，而且借助于大规模的生产，它的成本也会大大下降。这无疑给消费者带来了极大的便利，他们既可以省却漫长的煲汤过程，还可以通过更低的成本享用到这道美食。想一想人们下班回家，只要花上很短的时间就能吃到一碗用佛跳墙汤煮好的面，这在从前是难以想象的事情。这就是食品工业化的发展给人们的生活带来的便利。

佛跳墙的烹制有着很多讲究，但作为一道汤品，它的成功与否最重要的考量标准是汤的滋味是否足够出色。福建人素有食汤的传统，通过不同食材的碰撞，同时加以辅料的融合，一道汤品在他们的手中总是能有千般变化、千种滋味。佛跳墙历经100多年的发展，在食材配比、烹制方法、色香味的呈现上都已经发生了不小的变化。在保持最根本的鲜味的基础上，无论是在食材的选择还是煨煲的工序方面它都已经越来越符合现代人的口味以及人们追求健康的目标。这次，白象在产品研发过程中也是将消费者的需求放在了最重要的位置上。他们选择了研发色泽更加饱满，口味也更加丰富的金汤佛跳墙，取代传统烹制方法中以酒调味的方式，以适应绝大多数现代消费者的口味。

金汤佛跳墙不是白象的首创，目前市场上已经有类似的产品在销售。但是对于白象来说，这次的研发仍然意义重大，因为他们要在产品的健康化上向前迈进一大步，做出绝对纯天然的零添加的汤品。也就是说这道汤所有的味道都要来自食材，而非大量的调味品，更不能是添加剂。这是今后他们制作零添加面食产品的基础与目标。这一点在传统的家庭烹饪中也许是比较容易实现的，当然，想要在健康的基础上达到最理想的美味，也不是一件容易的事情。然而在工业化生产过程中，由于生产的规模很大，需要经过浓缩、提炼等特有的工艺，这个难度会变得非常大。但即便如此，白象仍然将"用食材生产味道"作为最重要的产品研发理念之一，希望用原生态的食材来代替调味品，将所有产品中调味品的添加量降到最少，最终做出健康营养又十分美味的产品。

因此，这次的研发对于黄仁传来说是个不小的考验。该精准地选取某一种食材的哪一部分，对不同的食材要做什么样的前期处理，选哪些食材来搭配，针对不一样的食材该用哪一种烹制方式，是炒、是炖，还是蒸、煮，烹制时要按照什么样的顺序来放食材，要在哪一个阶段放哪种食材，还有最讲究的火候该怎么掌握，是大火、中火还是微火，烹制的时间该如何设定……这里面的每一个选择，最终都会影响到能否让每一样食材生产出它独特的味道，同时不同食材的味道又能恰到好处地融合在一起形成理想中的美味。

而更具挑战性的是，和白象一起来研发这道汤品，对于黄仁传来说绝不能看作个人厨艺的一次惊艳亮相,他不能只跟随从业数十年来的直觉工作,更重要的是能够把每一份食材、每一个步骤科学化。他要做的不光是这一次烹制的成功,而是获得每一个步骤的精准数据。只有这样,白象在将其工业化时才有可能更加准确地还原出此时的味道。

于是,黄仁传对待烹饪的每一个过程都是近乎严苛的。在检查白象研发部门工作人员准备的食材时他发现一些原材料的选择和他当初的要求有出入,虽然看起来差别都不大,但是这些很小的差异会导致最终的结果出现很大的偏差,于是他毫不犹豫地、几次三番地请大家到市场上重新购买,直到所有的原材料都符合最初的要求。

在处理原材料的时候,黄仁传也分外严格。干贝要涨发到什么程度,菌类要用多少摄氏度的水泡发,都有严苛的标准。泡发的原材料生成比例是多少,泡发原材料通过再入味以后,又生成多少基础的可制备的原材料等,这些数据必须准确地记录下来……

研发中心又回到了往常的样子,一间追求精准的实验室,而不是普通的厨房。每处理完一样食材,黄仁传的助理都会做好相应的记录,并且会用厨房秤精确地把握食材的重量,每一样食材的重量都有标准。做完这些,这些食材才算处理妥当,能放置一边等待烹制。

这些工作是在黄仁传和助理从机场直奔白象产品研发中心后的两个多小时里完成的，可是要制作出上乘的佛跳墙，两个多小时的准备时间是远远不够的。刚刚接到这项工作时，黄仁传就已经着手开始在厦门做准备了。这是一道极富地域特色的汤，汤品所需的很多食材也只有当地的最为合适。于是，黄仁传一边和白象的产品研发人员开会沟通，一边在厦门准备特有的食材，进行前期处理，一切安排妥当，这才启程赶往机场。

所有的食材处理完毕，黄仁传便选用其中部分食材熬制佛跳墙的基底高汤。色泽浓郁、香气扑鼻的高汤，能更好地激发出后续食材在煨煲时的鲜味。煲制高汤成功的关键一个是食材的搭配，另一个就是火候的把握。事实上，不管是熬制基底高汤还是最后的菜品，火候都是一个非常重要的因素。厨师要在烹制的过程中依据食物的状态不断地切换火候，而食物就在温度细微的变化中发生着微妙的反应。

高汤熬制完之后，就是放主料的环节。将不同的食材按照不同的次序放入锅中，锅里倒入高汤，佛跳墙最后的烹制就要开始了。在这个过程中，时间和火候是最为重要的。只有这两个条件把握得恰到好处，才能让不一样的食材在不同的温度下充分释放鲜味，让食材中的精华彻底地融入汤里，这些决定了这道汤最后的香气和口感。

一直到凌晨4点，汤终于吊好了。

经过时间和温度的作用，这一道佛跳墙散发出了层次丰富的香气。即便还没有打开盖子，香气就已经包裹住了房间里的每一个空气分子。那是一种极为特别的鲜香，是多种食材相互作用、相互激发的味道。

黄仁传松了口气，看来这次的烹制是成功的。

用食材呈现颜色

金汤佛跳墙和传统佛跳墙最大的区别就是汤的颜色，所谓金汤即汤要拥有浓郁的金黄色。制作佛跳墙的原材料里本来是没有这样的颜色的，即便将它们熬制得再浓郁，呈现出来的最多也就是奶白色。那么，这道金汤佛跳墙的金色从何而来呢？

秘密就是灶台上那半碗南瓜蓉。

将南瓜去皮去瓤以后切成薄片，在蒸锅里蒸透。接着，等它晾凉再将它制成蓉，这就是金汤色泽的来源。

这是白象对黄仁传在烹制时提出的要求，汤的鲜味要从食物中来，汤的颜色也要取自食物本身。金色的南瓜是表现金汤的首选颜色，可是南瓜本身有自己独特的味道，如何在保证汤色的同时，还不会影响到汤品原本的滋味，这对黄仁传来说还是具有一定的挑战性的，他需要格外注意南瓜蓉的配比，也需要注意放入南瓜蓉的时间，以便让它在汤色的呈现中发挥恰到好处的作用。

其实最初，白象的产品研发人员心里也有些担心。如果南瓜的味道影响了整个佛跳墙的本味，那么这个研发就失败了。当然，在研发的过程中，失败本身就比成功更常见，对于在白象工作了将近20年的牛静静来说，这一点深有体会。她参与了白象大部分方便面类产品的味型研发工作，在研发过程中尝过的失败的滋味远比成功更多，也更深刻。所以，她和研发中心的同事们早已经做好了心理准备，知道即便金汤佛跳墙的金汤研发失败，也是再正常不过的事情。不过在最终的结果出来之前，他们必须全力以赴。牛静静和同事们紧张地在灶台边守了一个晚上，像是在迎接新生儿的出生，既忐忑又充满希望。

第二天一早，研发中心召开了佛跳墙的品评会，这是白象产品研发的标准流程。即便是大师之作，也要经过众口评鉴。

盖子还没打开，浓郁的香味就已经飘散出来。那香气是由鲜味带来的，汤中不同的食材在保留着自己鲜味的同时，又融合出了新的味道。这种鲜味是宽广的、饱满的，而不是狭窄的、线性的，不论是闻还是尝，都能给人深刻的满足感。

这的确是一锅好汤。

再看看颜色，汤是金色的，但不是浓郁的金色，汤品看起来还是透亮的。究竟是要更浓郁一些还是保持眼前清透的金汤，研发人员的意见并不一致。不过没关系，金汤佛跳墙的研发刚刚迈出了第一步。在品评完成之后，牛静静和同事们还要进行下一步的研究。他们要按照大师的烹制方法，重新制作一遍，以检验自己是否真正掌握。还要对汤品的食材以及所要呈现的风味做更多的研究。同时，这款汤将来要搭配用什么样的工艺做成的面，从而能最大限度地呈现出汤的风味，这都是他们需要认真思考的。而寻找这些问题的答案的过程，也是他们为真正的工业化还原做准备的过程。所以，这款产品的后续研发还有很长的一段路要走。

金汤佛跳墙的品评会结束没多久，另一位烹饪大师也赶到了。这位名为胡友国的大厨来自四川，也是中国烹饪协会中式菜肴研发中心的研发专家。这次他受邀来研发的是一道大家都非常熟悉的金汤肥牛。

金汤肥牛和佛跳墙不同，它没有明显的地域特色，不属于粤菜、闽菜、川菜等这些知名菜系，而是一道新式的融合菜。各个地区的厨师可以按照不同的地域风格将这道菜品做出不一样的味道。考虑到金汤肥牛最显著的酸辣口感更接近川菜的风味，牛静静和研发部门的同事便建议邀请适配度更高的川菜系大厨来进行研发制作。

金汤肥牛最大的亮点就是它的汤。要做好汤，首先要选用最新鲜的食材。胡友国到达研发中心以后，立刻开始检查大家已经准备好的食材。除了新鲜的牛大骨，他特意交代要准备鸡肉，为的就是用鸡肉来提升鲜味。但是胡友国看到已备好的鸡肉时还是不满意，因为鸡的品种不是他想要的。此外，已经备好的姜也不符合胡友国的要求。他需要的是四川风味的泡姜，这种姜由于经过了发酵，会呈现出独特的香气，对于金汤肥牛的味道能起到画龙点睛的作用。

"一道真正好的菜品，在调味品上是要做减法的。不要过多地加入调味品，特别是不能加入增鲜、增香的东西，要让食材本身来发挥作用，所以我对食材的要求是很高的。这一点跟白象的要求完全吻合。这些新鲜的食材，经过不同的搭配，以及巧妙的烹制以后，就会呈现出特别的美味，不需要额外添加什么东西。当然，这里面还有一个非常重要的条件，就是时间。一道好汤一定是需要时间的，它不会是速成的。所以好的食材，适合的烹制方法，再加上时间的帮助，这样一来我们肯定能做出浓郁鲜香的汤。今天我们要做的这道金汤肥牛，我相信是能达到我们双方的要求的，它会是一道非常自然美味的汤品。这样的汤为我们的一餐饭提供了很好的基础，到时候配上面条或者米饭，肯定会受到消费者的欢迎。"胡友国对于此次的研发非常有信心。

用食材呈现菜品的味道和颜色，从而做出最天然、最地道的美食，不管是黄仁传还是胡友国，他们的烹制理念都和白象不谋而合。

金汤佛跳墙是白象对于未来产品的一种储备式研发，而金汤肥牛则是对现有产品的升级。白象最受欢迎的"汤好喝"方便面系列产品中，就有金汤肥牛面。当天，完成了金汤佛跳墙烹制的黄仁传，又炖了老母鸡汤。这也是为白象最畅销的"汤好喝"老母鸡汤面进行的升级研发做准备。不管是金汤肥牛面还是老母鸡汤面，修饰在"面"之前的不仅仅是一个口味，而是实实在在的菜品、汤品，白象是要拿真正的大厨级的金汤肥牛和老母鸡汤来制成方便面调料包的，所以这也就是为什么要请大厨来一起研发。对于已经上市的产品进行再研发，是白象产品研发的一个固定程序，这是一个不断进行的过程，不会因为产品已经上市或者热卖而停下来。每一次的产品研发都有不同的需求，这次的目标是让产品能够向更加健康的方向迈进，所以研发的重点也就放在了减少调味品的使用上，要努力实现零添加。在这个前提条件下，产品的口味还要得到进一步提升，这就需要在食材的选择、不同食材的搭配等方面进行更加深入的研究。每一种食材都有独特的味道和颜色，白象正是发挥了食材本身"调味品"和"颜料盘"的功能，按照他们对于产品的需求，对食材进行丰富的组合与搭配，最终用纯天然的方法还原最地道的中华传统美食。

随着人们生活品质的提升，食品工业与人们的关系在不断发生变化。食品工业早已经从最初的只是农业的简单延伸，解决人们的温饱问题，发展到通过国际领先的食品工业技术，来满足人们多元化、个性化的需求。人们对于食品工业产品的要求正变得越来越高，在方便人们生活的同时，美味和健康成了消费者最重要的追求。在这样的背景下，白象研发出了一套非常成熟的产品开发流程：在市场上寻找消费者认可的中华传统美食，包括适配面条的各式汤品、菜品，以及口味独特的面等，然后邀请厨艺大师用传统的技艺烹制出最地道的味型，形成这一味型的样本，最后通过工业化的手段进行精准还原，制作成地道的、方便的、健康美味的中国面。这样的方法目前已经成为白象产品开发的一种固定的模式，是带领白象走过27个春秋的姚忠良董事长在行业内的一大创新。在他看来，工业食品最大的价值就是通过工业的手段还原传统的美食，一切商业行为必须回到原点：**消费者喜欢吃什么样的食品，白象就要做什么样的食品**，白象要将中华的传统美食传承下去；**消费者在家里吃到的是什么样的食品，白象就做什么样的食品**，要像家里烹饪的一样是纯粹的、自然的，绝不能通过"添加"来实现某种味道。那么，食品工业中科技的力量体现在哪里呢？它体现在由于科技的助力，白象要做出比在家里或者餐厅里吃到的更正宗、更美味、更方便、更稳定，也更放心的中华传统美食。

在白象所有的产品背后都站着一批大厨，这是白象想要用最天然、最传统的方法还原中华美食的最好证明。在很多年前，白象的研发团队就已经开始到全国各地寻找不同菜系的大厨，为他们制作菜品。从2020年开始，白象与中国烹饪协会开始了长期合作，这使得他们能够更顺利地对接到更顶级、更适配的厨艺大师。4年来，邀请像黄仁传、胡友国这样的厨艺大师到白象产品研发中心进行研发品鉴的活动，已经进行了上百次。代代相传的精湛厨艺牢牢地印刻在厨艺大师的心里和手中，使得经典的中华传统美食能够一代又一代传承下去。而白象通过在工业化过程中的坚守和创新，完美地将这些精湛的厨艺复刻到工业食品的生产过程中，以速食食品的方式，精准地还原出中华传统美食，让消费者只要花费很少的时间就可以享用到地道、健康的美味。这些产品目前绝大部分都是以方便面的形式呈现的，白象的产品研发人员和大厨共同研制的那些中华传统美食，最终都成为不同的方便面的口味。这不由得让人感到诧异和惊叹，看似简单的一包方便面，背后却有着如此复杂的研发过程。

绵延千年的汤文化

一碗好面离不开一碗好汤。汲取各种食材的精华，五味调和得极为平衡，用这样一碗汤配上面，给人带来的不仅是饱腹感，还有来自心灵的治愈。想要将一碗中国面做到极致的白象，在这碗好汤上倾注了大量心血。不论是金汤佛跳墙，还是金汤肥牛、老母鸡汤，对于汤的追求像基因一样深深地融在了白象的血液里。

"汤"最早的本义就是热水，《说文解字》中明确地写道："汤，热水也。"用汤来指一类菜品，还是唐朝以后的事情。不过人们喝汤的历史极为悠久，在陶器还没有发明之前，人们就已经用兽皮当作容器来喝汤了。有时候，人们还将盛放在兽皮袋子里的肉汤随身携带，饥饿时就将烧热的石头投入袋中将汤加热后来食用。

最早的汤制作极为简单，用热水将要吃的肉煮烂，便是一锅极美味的汤。这样的烹制方法虽然十分原始，却与煲汤的真谛不谋而合。战国末期的杂家名著《吕氏春秋》在第十四卷《本味》中就曾说过："凡味之本，水最为始。五味三材，九沸九变，火为之纪。"这原本是写君王治国的方法，却借由美食说起。文中古老的烹饪理论也是制作美味的真理——回归到本来的样子。要烹调原料的自然之味，同时也要通过烹调产生出美味。这和白象的产品一直秉承的自然美味理念不谋而合。

汤是中华传统美食中不可或缺的一部分，人们对汤的喜爱不仅存在于文献记载中，更是印刻在日常的一日三餐中。在一些特殊的情况下，汤更是最佳的饮食之选。感冒生病来一碗鸡汤，身体疲惫的时候来一碗骨汤，心情低落、压力倍增的时候来一碗酸辣口味的汤，让情绪快速释放……此时的汤不光是滋养身体的良药，还是治愈心灵的解药。

中国地大物博，饮食的地域性极为丰富，因此汤品也有着极强的地域特色。一想到煲汤，我们首先想起的便是广东的"老火靓汤"，要时间长、火候低，耐心地等待食材的营养充分释放，才能煲出鲜美的汤。一年四季，广东人总能用不同的食材煲出不同的汤品。对于广东人来说，汤不仅仅是饮食的一部分，更是养生的最佳选择，有着不可或缺的药用功效。春季喝汤来祛湿，夏季喝汤来降暑，秋季喝汤来防燥，冬季喝汤则能进补。

与广东相隔不远的福建也爱喝汤。除了闻名遐迩的福建第一汤品佛跳墙，福建人爱喝的汤还有很多，有海鲜类的汤品，也有药膳类的汤品。一汤十变，百汤百味，每一户福建人家里大概都有自己秘制的煲汤配方，通过不同食材的巧妙搭配，便可以让一碗汤呈现出不一样的滋味。

广东和福建的汤品，除了新鲜的食材，多半靠的是时间和火候，但江西的瓦罐汤不同，它的滋味来自那一个个小小的瓦罐。厚实的瓦罐将食材包裹其中，煨煲的过程中，水分几乎不会流失。食材中的营养素慢慢地融入汤里，浓郁鲜美的汤，不需要食盐以外的任何调味品，喝上一口真是叫人欲罢不能。

江浙沪一带也爱喝汤，鸭血粉丝汤、火腿冬瓜汤、金陵四宝汤、西湖鱼羹……可入汤的食材种类繁多，既有山珍海味，也有本地独有的食材，用一碗汤就能将当地的特色体现得淋漓尽致。

即使是以辣著称的南方省份，汤也不可或缺。湖北有鲜香微甜的莲藕排骨汤，湖南有独具特色的鱼头汤，四川有开胃的酸萝卜老鸭汤、浓郁的蹄花汤……光是这些知名的汤就数不过来。

都知道南方人爱喝汤，可煲汤并不是南方独有的特色，北方的汤品其实也极为丰富。只是相比而言，北方入汤的食材和南方有所不同。羊肉汤在北方极为多见，光是山东就有菏泽单县羊肉汤、潍坊五井全羊汤、枣庄道北羊肉汤、莱芜金家羊肉汤；河南也有久负盛名的开封羊肉汤，以羊肉、羊棒骨熬制数小时，再加入金针菇、木耳、粉丝等配料，热乎乎地喝上一碗这奶白色的羊汤，数九寒天都觉不出冷来；陕西、山西也有羊汤，不光可以用羊肉、羊骨来炖汤，羊身上的每个部位似乎都能入汤。早起喝上一碗羊肝、羊肚儿、羊胃、羊心、羊肠等食材慢火熬制而成的羊杂汤，成了很多北方人钟爱的早餐。喝的时候往热乎乎的汤里撒上香菜，再加上些辣椒油，那滋味可以在身体里荡漾一整天。

北方入汤的食材听起来分外扎实，除了羊汤，在河北、河南等地还常见全驴汤，在吉林则有鹿茸汤，山西还有氽汤，分荤素两种，汤里食材的搭配丰富而随意，似乎什么样的食材都能煮后用热油氽烫，即便没有长时间的老火慢炖，那食材的香气也还是在一瞬间就被激发出来，隔着老远便能感受到这碗汤带来的热烈的气息。

北方的汤还有一些可以当作主食，如疙瘩汤、胡辣汤、丸子汤……这一点和南方的汤品可大有不同。当然了，在北方也有和南方类似的大众的汤品，比如鸡汤。只是不同地域的鸡汤各自有着独特的风味。如今，随着南北方文化的交流融入，南方的炖汤在北方的家庭里也变得更为普遍，老鸭汤、排骨汤、鱼汤、猪肚汤……无论是中饭还是晚餐，来上一碗慢火熬制的汤品，已经成为越来越多人的饮食习惯。

人们为什么爱喝汤？最直接的原因当然是被汤的鲜味所俘获。那鲜味又是一种什么味道呢？

我们常常用酸、甜、苦、辣、咸来形容一种食物的味道，但实际上辣并不是一种味道，而是一种痛觉。我们之所以能感觉到辣，是因为辣椒中的辣椒素和胡椒中的胡椒碱，它们在接触人们神经非常丰富的部位，比如口腔、舌头时，很容易刺激神经产生感觉，这样的感觉就是辣。

1908年，日本一位名叫池田菊苗的化学家为了弄清楚高汤为什么会那么美味，在做了大量的研究后，终于从高汤中的海藻里分离出了一种重要的味道分子——来自氨基酸家族的谷氨酸，这是蛋白质的重要构成要素。正是因为谷氨酸的存在，高汤才如此美味。于是鲜味就这样诞生了，它和酸、甜、苦、咸一样，成了一种基本味道。

通过不同食材的搭配，再经过时间和温度的淬炼，一碗汤便生产出自己独有的鲜味。那鲜味就像一个温暖的怀抱，会紧紧地抱住你，让你不自觉地为它停下脚步。

当然，汤对于中国人来说，不仅仅意味着美味，还代表着营养和滋补。

2013年，白象成立了骨汤研究中心，和浙江工商大学一起针对骨汤进行一系列课题研究，在这些研究中他们格外关注骨汤和营养之间的关系。他们不仅通过深度访谈、小组讨论、案例分析等方法对骨汤所蕴含的营养价值进行了定性研究，还通过量化数据、实验方法、统计分析等进行了定量研究，从科学的角度来分析骨汤与营养的关系。

这些研究发现，在煨煲骨汤的时候，肉和骨头在"温和"的熬制过程中会缓慢、有序地释放脂类、磷酯类、蛋白质、肽、胶原蛋白、钙，以及一些硫酸软骨素。这些成分会在汤中"抱"在一起，形成很小的只能用显微镜才看得到的纳米颗粒。而这些小颗粒能被口腔黏膜上一种名为巨噬细胞的免疫细胞很自然地吞入。随着纳米颗粒进入体内，细胞在氧化应激条件下变得更加强大，从而能够清除体内的一些自由基，以此达到消除疲劳、缓解压力、提升人体免疫力、增强体质的效果。因此，喝上一碗热乎乎的排骨汤、牛肉汤、羊汤或者鸡汤，人们会感觉到分外舒服。这不是单纯的心理感受，而是真实发生的事情。骨汤中的一些成分调节了人体免疫细胞的状态，帮人们缓解了不适，这才让人们拥有了舒适愉悦的感觉。

白象在进行了大量的骨汤与营养之间关系的研究后，更加坚定了自己对于好汤的追求，这为他们制作一碗好面奠定了坚实的基础。

对汤的执着

2024年1月15日,是白象汤好喝"甄味汤馆"系列新品发布会召开的日子。这一天,他们将推出这一系列的两款产品——山菌老母鸡汤面和白玉萝卜牛肉汤面。这是白象的拳头产品——汤好喝系列的升级版本,在白象内部它被称为"汤好喝2.0"。

在发布会现场,15口锅同时煮着热气腾腾的面,来自全国的经销商在会场内等待着享用眼前的美味。空气中飘荡着老火慢炖的老母鸡汤所散发出来的独特鲜香,那味道并不是特别浓郁,在清爽的肉香中,带着汤的鲜气。伴随着杏鲍菇、白玉菇、虫草花、枸杞等配料的加入,菌类特有的鲜味瞬间被激发出来,它们完美地融入甘醇的鸡汤中。大自然的力量就这样在一碗鸡汤中缓缓释放。

麦香十足的面条肆意地吸取着鲜香的汤汁。哧溜,一口面进到嘴里,唇齿间是面的香、汤的鲜、菌菇所带来的大自然的滋味，是充盈于心的愉悦和满足感。

和山菌老母鸡汤面相比，白玉萝卜牛肉汤面似乎要热烈一些。将数十种香辛料和上好的牛肉一起文火慢炖，就像傍晚温暖的夕阳映照下那间小小的厨房里，妈妈特意为我们炖的那一锅汤。时间能让一切慢慢流淌，肉里的香气和营养随着时间的消逝缓缓流入汤里。末了，加上一些清爽的白萝卜，它带走了牛肉的腥腻，只留下耐人寻味的回甜。不过，到这里这碗白玉萝卜牛肉汤面还不算完成，清爽的汤汁里怎么能少得了激情似火的辣椒。从遍布大江南北的众多辣椒品种中千挑万选出最适合的四种，再混入洋葱、大葱、生姜、香菜等10多种秘制香辛料，这时候用高温将它们爆香，辣椒的香味和色泽得到了充分激发，辣而不燥，香味醇正，这独特的辣椒油才算做好。

白玉萝卜牛肉汤面的热烈既来自牛肉的厚实感，更取自这红艳艳的辣椒油。在这滚烫的汤里煮上一碗面，撒上翠绿的蒜苗和香菜，扑鼻的香气让人难以抑制内心急切地想要吃上一碗的冲动。

在这样密闭的会场空间中，即使有15口锅同时在煮，空气中飘荡着的也只有汤的鲜味和面的香气，过去那种深深地印刻在我们记忆中的方便面的味道在这场发布会中荡然无存。这是采用中国传统的吊汤技艺，经过6小时文火慢炖制作出的汤，是白象一直在追求的自然美味。

"汤好喝"系列最早是在2018年推出的,在行业中开创了高汤面先河的白象,将自己最独到的研发理念和独特的工艺呈现在了这款产品中。"汤好喝"不再有传统方便面调味必备的粉包和酱包,只配备了6小时煨煲的高汤包,用工业化的方式精准地还原出家的味道。"汤好喝"上市不到一年,销售额就突破了10亿元,足以看到大家对这一产品的认可。

2024年,"汤好喝"产品进行了第一次创新型的升级,新版的"汤好喝甄味汤馆"向着更加健康和美味的方向稳步前进着。

"汤好喝"受到消费者的认可和追捧并不是偶然发生的,早在2002年,白象就开启了"骨汤类"方便面研发和生产的大幕。在当时的中国方便面市场上,还没有哪一家方便面企业推出过骨汤类产品,也还没有哪家企业为方便面精心熬制过"汤"。这是白象开始为方便面"煲汤"的起点,为后来"汤好喝"系列产品在市场上的火爆奠定了坚实的基础。

白象是在1997年正式挂牌成立的,从成立之初就制定了以方便面为主营产品的战略。当时中国的方便面市场已经非常大了,超过1000家的方便面企业遍布全国各地。

面对竞争如此激烈的方便面市场环境,白象并没有被吓退。白象在传统的方便面中不断寻求着创新,在开创了"大分量"方便面,开发出"干吃泡吃"两种吃法相结合的创新型产品后,白象主动寻求起更大的变革。骨汤方便面的研发理念就是在那时候诞生的。

　　用骨汤来下面，这样的场景在家庭中并不少见。熬上一锅美味的排骨或者大骨，喝上一碗热气腾腾、鲜香四溢的汤，身体那叫一个舒坦。这么一大锅汤，一次往往喝不完，那么下一顿饭就用这醇香的骨汤下一碗面条，那滋味怎一个美字了得。

　　中国是面条的起源地，也是方便面的缘起之地。乾隆年间，经过煮熟并油炸的工艺，能够较长时间地被保存起来，以备饥饿时能快速煮好的伊府面，就是方便面的前身。据说当时发明伊府面的厨师，就是结合了中原地区制作汤品的特点，来烹制独具风味的伊府面的。

　　不过，方便面真正的工业化始于1958年。当时日本的安藤百福在自家后院的一座小房子里研发出了这种独特的制面工艺——瞬间热油干燥法，并申请了专利。此后，这种世界上最便捷的面条，迅速在日本流行起来。1964年，北京食品总厂用手工的方式制作出了中国第一袋方便面，可惜这种用鸭油炸过的方便面有着一股令人并不愉悦的奇特的味道，并没有被大众接受。直到1970年，上海益民食品四厂采用高压蒸面加油炸的方式，才做出了中国真正意义上的第一袋方便面。这款装在红色包装袋里，包装上画有一只黄色的母鸡、两颗鸡蛋以及一碗面的鸡蛋方便面一经问世，便受到了人们的追捧。即便是在凭票才能购买的时代，它还是卖出了惊人的数量。不过，对于当时的百姓来说，方便面并不是随意就可以获得的方便食品，而更像是奢侈品。人们只有在重大节日或者仪式中才能偶尔吃上一包。

这一情况一直到20世纪80年代才有所改变。改革开放以后，伴随着经济的快速发展，国内方便面厂的增长如雨后春笋一般。广州、上海、无锡、郑州等地相继出现了40余家方便面厂，它们从日本引进了100多条生产线，开始进行大批量生产。从那时候起，方便面才走入寻常百姓家。这种方便快捷的食物，完美地契合了当时经济重启的繁忙时代，受到了人们的喜爱。而到了20世纪90年代，中国的方便面厂一度超过了1000家，生产线超过了2000条。到2001年，中国方便面年产量达到了191.5亿包，约占全世界方便面产量的40%。方便面真正成为人人都能吃得起的方便面条。

吃面喝汤在大家的日常饮食中早已经成了一种习惯，可当时方便面的汤都是在开水中加入各式各样的调味料，有一些方便面要在水中加入一包粉包，有一些则多了一包酱包。可不论是粉包还是酱包，溶入水中只有不大自然的香料味，根本谈不上鲜美，这样的汤又有谁想喝呢？于是，大家在吃方便面的时候，也只是将面捞起吃完，原本给面调味的汤全部被丢弃了。

正是看到了行业中普遍存在的这个问题，白象才希望遵从人们吃面喝汤的传统饮食习惯，为方便面配上一碗能喝的好汤。而这碗汤就从美味又有营养的骨汤开始。

2002年对白象来说有着特殊的意义，这一年，白象开启了对汤的执着追求，这成就了后续一系列深受消费者欢迎的产品。

跳入大锅捞骨渣

从南京财经大学食品科学与工程专业毕业的刘菊燕于2008年加入了白象。在各个岗位轮岗半年之后,她正式进入了研发部门。刘菊燕在产品研发岗位上接到的第一个重大任务就是骨汤的研发。

刘菊燕没想到自己的工作会跟厨师距离这么近,可是自己的厨艺水平并不怎么样,要熬出一锅美味的骨汤可不容易。于是,在接到任务以后刘菊燕第一时间就想到了常常给她煲汤喝的妈妈。对于妈妈来说,熬一锅骨头汤应该易如反掌吧。果然,妈妈在电话那头给她提供了详细的煲汤方法——把骨头焯水,放入锅里,放上一些葱、姜、花椒、八角等香辛料,然后炖上两个小时,骨头汤就熬好了。刘菊燕一听觉得这完全不像想象中那么难,于是信心满满地来到车间,准备大展拳脚。

车间里的锅可不是家里只供三四口人吃饭的小锅,刘菊燕目测了一下那一口大锅,感觉放个几百斤骨头都不成问题。哎呀，用家里的锅炖一斤大骨头，那汤就有扑鼻的香气，要是在这口大锅里炖上几百斤骨头，那还不得香死人。刘菊燕越想越高兴，开始兴奋地往锅里放骨头。把200千克的骨头放到锅里，花费了很长时间，放完以后刘菊燕顿觉腰酸背痛，没想到在车间熬骨汤，光是放骨头都是个体力活儿。

接下来加水，然后启动机器开始熬汤。车间里的设备比家里的自动得多，刘菊燕只要按下开关，剩下的工作交给时间就行了。

很快，刘菊燕就感觉到自己被骨汤的香味包裹了起来。用200千克的骨头熬汤果然有着与家里煲汤完全不一样的效果。

这香气让刘菊燕有些飘飘然，原来这骨汤的研发也不算什么难事嘛，她在心里想着。可是这股子带着些幼稚的想法，很快就消失不见了。几个小时以后，骨汤熬好了。骨汤通过管道流了出来，锅里剩下了200千克骨头熬制过后留下的骨渣。天哪，这么多骨渣可怎么捞出来啊？当初放骨头的时候，刘菊燕完全没想过这个问题。刘菊燕之前一直担心自己不会熬骨汤，可是到头来她发现骨渣怎么出锅才是最大的困难。个头小小的她，看着这一口等待她清理的大锅快要哭了。这该怎么办呢？

多年以后，刘菊燕回想起自己第一次在车间熬骨汤的情景，脸上还是会浮现出略带尴尬的神情。虽然如今能够笑谈这件小事，但是对于当年的她，那可是一件天大的事。

那时，站在车间里的刘菊燕显得那么孤立无援，眼泪情不自禁地淌了下来。

这个降临在刘菊燕身边的"大灾难"，在车间里十几个男同事的帮助下，最终得到了妥善解决。这十几个强壮的男人跳入这口巨大的锅，像猴子捞月似的，一块骨头一块骨头地往外捡。他们从傍晚一直捞到大半夜，才将这200千克骨头产生的骨头渣全都从锅里捞出来。

这一次经历迅速让刘菊燕以及产品研发部的同事们明白，熬骨汤并不是一件简单而家常的事情。

初尝失败的滋味后，白象转变了研发思路，希望能去当时专业的骨汤熬制公司参观学习，汲取一些经验。当时市场上专业从事骨汤熬制的供应商很少，而且国内的方便面行业也没有涉及骨汤类产品的研发，所以国内的方便面企业都没有和这些供应商打过交道。

"我们当时也是费了不少功夫才找到两三家骨汤熬制厂家，它们是日资企业，熬制的骨汤也大多供货给了日本的厂商。"刘菊燕回忆道。

这些专业做骨汤的厂家都是用什么样的设备熬汤的，他们熬汤时用的是什么工艺？为了更加深入地了解其中的奥秘，白象集团当时的一名高管带着产品研发中心的同事们，自信满满地想要去一探究竟。可是这一探访一开始就遇到了麻烦。

"我们没想到这些厂家其实并不欢迎去参观考察的人。"刘菊燕说道,"不过我们也理解,毕竟熬制高汤的技术在当时的食品行业里是一种很先进的技术,涉及很多关键性的工艺,除了骨汤熬制的过程,还有浓缩、包装,这些都需要独特的技术支撑。"

骨汤熬制的厂商之所以不欢迎白象的到访,是因为当时没有一家国内的方便面企业会用到骨汤。他们自然也想不到在不久后的将来,白象也许会成为他们的客户。所以出于对自身技术保护的考虑,他们是不会贸然将其核心技艺展示在一个陌生人面前的。于是,当白象提出想要观察一下他们的骨汤熬制车间时,对方毫不犹豫地拒绝了。

"我们当时很想看看他们是用什么设备熬汤的,跟我们车间里的设备有什么不一样,也想知道熬汤的大概流程,但是最后什么也没看到。在离开的时候,大家还依依不舍地趴在外面的玻璃窗子上想要再看一眼,我们能隐约看到里面有很多大罐子,还有不少大的蒸汽管道,其余的就什么也不知道了。"刘菊燕遗憾又尴尬地说道。

既然有专业的骨汤生产商,白象为什么不直接从他们手中进行骨汤采购呢?白象当然知道这是最简便的办法,但是当时他们却选择了放弃这条捷径。

白象的目标是要研发用骨汤泡的方便面,然而在研发初期，白象唯一能够确定的只有产品的形态——猪骨汤，而不是牛骨汤或羊骨汤。因为当时人们在家里喝的骨汤主要就是猪骨汤，猪肉的消费人群也比牛肉的消费人群更普遍。至于猪骨汤熬制出来以后应该是什么味道的，它的观感如何，是浓郁的奶白色的还是清清爽爽的透亮的，他们并不知道。这一切都需要研发人员给出一个清晰的思路。可是思路从哪里来呢？当然不是凭空想象的，而要靠不断地进行试验来获得。白象不想在这时候直接购买现成的骨汤，就是因为这个试验的过程还没有完成，他们不可以把自己的命运随意交到别人的手中。

　　刘菊燕和同事们在熬制骨汤的厂家吃了闭门羹之后，又重启了自我摸索的道路。虽然这样一来他们要走的弯路会多一点，要犯的错误也会多一点，可他们始终认为这是唯一正确的路。

好喝是一个极难达到的标准

究竟什么样的骨汤才是白象心目中理想的用来泡面的骨汤呢?

那段时间,这个问题一直萦绕在刘菊燕和同事们的脑袋里。可思来想去,他们只想到"好喝"两个字,除此之外似乎没有第二个更加贴切的词可以形容他们想要的那碗骨汤了。

然而,好喝是多么难达到的一个标准呀!

研发中心的同事们决定从食材入手,先将用哪个部位的猪骨来熬汤这个棘手的问题解决好。

用不同的猪骨会熬出完全不一样的骨汤。比如棒骨,它的特点是附带在骨头上的肉非常少,同时它是中空的,骨髓的含量很高。所以用棒骨熬出来的汤,汤色浓白,且含有较多的骨胶原、蛋白质、维生素等,营养价值很高。脊骨也是常见的可以煲汤的部位,像棒骨一样,脊骨上的肉也比较少,但和棒骨不同的是,脊骨所含的骨髓并不算多,所以它的汤色较为清亮。换作肩胛骨的话，也会有类似的效果，因为它口感软嫩，又没有太多骨髓，煲出来的汤清亮而不油腻。但如果我们用排骨来煲汤，汤的口味就会发生比较大的变化，因为骨头上的肉比较多，所以汤会有浓郁的肉香，喝起来非常鲜美。

不同部位的猪骨能够呈现出完全不同的汤品，那究竟该选用哪一种？或者能否将其中几种按照一定的比例搭配在一起，取长补短呢？

想要找到答案，只能亲自试验。

白象产品研发部门的工作人员开始尝试熬煮不同部位的猪骨，既有用单独一个部位熬的骨汤，也有用不同部位搭配在一起熬制的。熬好之后就将这些汤全部盛放到玻璃容器中，给它们贴上标签，再一个一个地进行品尝。有很长一段时间，他们每天唯一的任务就是煲汤、喝汤，大家似乎从厨艺小白一下子跃成了"煲汤大师"。在这个过程中，他们逐渐对不同部位的猪骨有了从未有过的全新的理解，也对熬制骨汤有了深刻的理解。他们认识到在食材之外，还有第二个对汤产生影响的关键因素，那就是时间。

熬制骨汤，在食材相同的情况下，如果煲1—2个小时，它释放出来的鲜味是最多的。如果继续煲至3个小时，甚至更长时间，鲜味反而会散失，但是汤的颜色会较之前更加浓郁。不同的烹制时间，给骨汤带来的会是不一样的风味，因此在熬制骨汤的时候，精准地把握时间也是至关重要的。

随着研发的深入，大家对于熬制骨汤的目标从最初的"好喝"具体到了"香浓"。浓倒不是汤色浓郁，而是对香气的修饰。在他们的理想中，白象所要呈现的骨汤和市场上已经被大家所熟悉的日式豚骨拉面的汤底是有区别的，它的汤色是清亮的，而不像日式的骨汤那么浓白，它最重要的特点就是要有饱满的肉香。如果在方便面中使用这样的骨汤，将会是一个质的飞跃，不仅会让方便面的味道得到极大的改变，还会大大提升方便面的营养价值。

需求一点点明确之后，寻找骨汤厂家进行合作的时机也终于到了。其实很多研发人员都建议白象建立自己的骨汤熬制工厂，但是白象集团董事长姚忠良在深入地思考之后，还是放弃了这一想法，决定跟骨汤熬制工厂进行合作。姚忠良一直认为："一个行业的发展不是靠一两家企业就能实现的，它需要的是整个产业链的健康发展。白象应该通过自己的研发能力、技术优势，带动产业链上下游供应商的共同发展，这样整个行业的发展才会越来越健康。说得简单一点，**钱不可能让一家企业都挣了，我们要把利润分出去，让专业的公司去做专业的事情，他们才有空间把这件事情做到极致。**这样对于白象自己的发展，也只有好处，没有坏处。"不过即便是要向骨汤厂商采购骨汤，仍有一个不可动摇的前提，那就是白象要对供应商熬制的骨汤的风味和品质拥有足够的监管权。

因为有了业务上的合作,这次白象终于能够光明正大地参观专业的骨汤熬制车间了。他们在车间里看到了许多大型设备,工作人员介绍说这些设备基本上都是日本制造的。大家仔细观察着这些设备,心里想着很快这些设备里就会生产出他们要采购的骨汤。不过他们明白,在工业化骨汤熬制的过程中,除了这些设备要发挥重要的作用之外,更重要的是那些关键性的技术,而这些技术即便是对自己的客户也仍然是保密的。

白象选定了骨汤厂家,进行了最终的采购。可是骨汤采购完之后,并没有万事大吉。因为这些骨汤和他们在研发中心的实验室里熬制的原汤有着极大的差距。如果放在研发初期,他们可能不会一下子就找出存在差异的原因,但是现在不同,他们都已经是在短短的几个月中就煲过几百次汤的"大厨",不同风味的骨汤至少也尝了几百次,骨汤的味道仿佛已经深深地融在了他们的味蕾中。于是,当他们品尝了从骨汤厂家购买的骨汤时,立刻就洞察到了其中的奥妙。

"工厂在熬猪骨时,目标就是把大批量的猪骨熬成汤。他们会把骨头里的成分一股脑儿地提取出来,只要让汤乳化得均匀一些就行。至于味道他们是不在意的。他们不会顾及客户对骨汤的具体要求,比如,气味是要更鲜香一些还是更浓郁一些,颜色要更清淡一些还是更浓白一些。"刘菊燕回忆道,

"他们提供的是大众化的、程式化的产品，不是个性化的。"

已经花费了大量时间对骨汤进行研发的白象，自然不会满足于使用这样大众化的产品。因此，采购回来的骨汤只能成为他们的原料。想要让这样的骨汤变成真正的产品，还有漫长的路要走。研发人员重新开始在这个骨汤的基础上进行调味，通过加入猪肉含量比较高的猪骨部位，增加骨汤的肉香。同时还需要加入一定比例的香辛料，以调配骨汤的味道。

在一遍又一遍的试验中，白象对于"好喝的汤"渐渐有了一定的标准，他们建立了滋味风味轮来评价汤的口感，这个风味轮里有酸甜苦辣咸鲜6种味道，研发人员每一次进行品评，都需要对这些味道之间的细微差异进行判断，用不同的数值标出每一种味道在汤里的体现。此外，白象还设置了体感风味轮，在这个评判标准里包含口渴感、胃胀感、饱腹感、饥饿感、喉干感等。一碗汤喝完以后会不会有口干的感觉、胃胀的感觉、口渴的感觉……每一种感受都有标准，都有限定的分数，超过限定好的分数都是不合格的。好汤在于各种滋味的和谐与平衡，在于体感的舒适，以及对身体真正的滋养。这是白象在骨汤研发的过程中对于好汤的理解。正是基于这些评判标准，白象产品研发中心的工作人员不断地向他们理想中的骨汤靠近着。当时，市场上销售的方便面绝大部分都只配有一包粉包来调味，少数产品在粉包的基础上还增加了酱包。而白象想要做的是在这些调味工具中加入真正的好的骨汤。

2003年，在经过一年多的潜心研发后，白象1元大骨面横空出世。这一包小小的方便面从名字上就做了极大的创新，它以最简单直接的方式将骨汤的美味和营养呈现在消费者面前。

白象曾经为大骨面拍摄过一个电视广告，广告中一位厨师手持两根棒骨互相敲击，那清脆的响声给人们留下了极为深刻的印象，也让天然美味的猪骨和方便面紧紧联系在一起。"选用新鲜的大骨，慢慢熬出骨胶原的营养。""汤浓、味美。""白象大骨面，大骨营养在里面。"这些都成为人们对白象1元大骨面最真实的印象。

2003年，中国的方便面企业可以说呈现出了百花齐放的态势。方便面企业超过了2000家，方便面生产线达到了3000多条，年生产能力达到了360多万吨。相比两年前，全国的方便面年生产总能力翻了一倍多。在这样激烈的市场环境中，想要占据一席之地并不是一件容易的事情。

在调料中加入骨汤是白象基于对消费者的饮食习惯以及市场空缺而研发出来的创新产品，也是白象应对激烈的市场竞争的有力手段。虽然最初的研发重点是用猪骨煲汤，打造差异化产品，但是白象也没有放弃市场上传统的牛肉味方便面。只是他们没有走传统的路线，而是希望能将骨汤的创新应用在不同的口味中，让创新做得更加深入。

相比猪骨，用牛骨来熬汤似乎要简单一些，因为牛身上适合熬汤的部位不像猪骨那样有太多的选择。富含骨髓和矿物质的牛棒骨是熬制牛骨汤的最佳部位，用它烹制的牛骨汤醇厚鲜香。但是单纯用牛棒骨来煲汤，骨汤会稍显油腻，所以白象在制作牛骨汤的过程中除了牛棒骨，还会添加牛脊骨、牛尾骨等，让汤在浓郁的前提下减少油腻感，同时也能让骨汤更加鲜美。

此外，鸡汤是中国老百姓最喜欢的汤品，也是最常见的汤品，所以白象的产品研发团队同时也在探索用鸡骨熬汤。

在1元大骨面上市时，这几种口味都已经呈现了出来，有原汁猪骨口味、酱牛骨口味，还有大骨鸡汁口味。

在大力倡导营养和健康的理念下，白象推出的1元大骨面，成为中国乃至世界营养型方便面成功开发和技术突破的里程碑，白象也因此成为中国"骨汤方便面"品类的开创者。

当时市场上主流的方便面价位都在1元以下，通常情况下1.5元就能买两包，白象生产的1元大骨面的售价却是高于行业的主流水平。即便如此，含有真正骨汤的大骨面还是迅速赢得了消费者的青睐。2004年，依托成熟的产品体系，白象为大骨面做了重点的市场开拓。到2005年，1元大骨面已经在华北地区有了极高的知名度，这为白象在做好一碗"汤"的理念上不断深耕打下了非常坚实的基础。

失败并不意味着放弃

对于一家企业来说，失败是一个必经的过程。作为中国骨汤方便面的首创者，白象没想到自己在骨汤产品的研发上这么快就尝到了失败的滋味。

1元大骨面推向市场后，很快就引起了极大的反响。很多消费者都非常喜欢这款全新的骨汤方便面，这和消费者日益提高的健康观念息息相关。1元大骨面的成功充分证明了白象研发理念的正确性。为了夯实这一赛道，白象抓住时机，继续在骨汤产品领域进行深耕，希望能在短时间内推出更多的产品。

闫红伟是目前白象方便面研发部的总监，她几乎参与了白象骨汤类方便面所有产品的研发工作。"从2003年到2006年，在1元大骨面之外，我们又陆续推出了金牌大骨面和劲感大骨面，这些产品都是在1元大骨面的基础上进行的创新。相比1元大骨面，这些产品都做了一些调整，但是调整的幅度不大，都是在微调。大家当时有一些想法和创新的概念，但是都不成熟，也就没有特别大的创新动作。那段时间我们还是比较痛苦的，一方面似乎已经看到了我们未来的道路在哪里，可是另一方面这条路究竟该怎么走，又不是特别清晰。"闫红伟回忆道。

对于想要以骨汤方便面这一品类立足市场的白象来说，他们亟待扫清眼前的障碍，看到道路的方向，可是这个方向究竟在哪里呢？

1元大骨面在上市的时候，虽然已经包含了猪骨、牛骨、鸡骨这三大类人们最熟悉的骨汤产品，但基本上都是以原汤的形式出现的。既然在熬制骨汤的时候，可以用多部位的骨头进行调配，为什么在汤品中不能出现多种食材的搭配呢？这的确是个好问题，也是白象产品研发人员找到的第一个突破点。后来这成为白象在骨汤方便面创新道路上寻求到的第一个方向——复合骨汤。随即，通过不同食材的搭配，让骨汤的味道更加丰富，汤头更加美味，成为研发部门的工作重点。

骨汤的主材料是不会发生变化的，依然是猪、牛和鸡，可是要搭配什么样的辅料来跟它们一起炖煮，这是一件特别讲究的事情。辅料要选得非常合理，在和主料配合的过程中，它既要能保持自己独特的风味，又要能和主料进行很好地融合。在时间和温度的作用下，它们会相互交融，激发出彼此的鲜香。同时，辅料绝不能抢主料的风头，不能让自己的风味压住骨汤原汤的味道。这种相互渗透、相辅相成的关系，既要通过食材的选择，也要借助最合适的烹制工艺，才能最终实现。

为了研发复合骨汤，刘菊燕和同事们开始在不同的餐厅尝试不同风味的汤品，希望能得到一些食材搭配的灵感。白象在全国各地寻找味型的产品研发方法大概就是从这时候开始的。最初，研发人员走访的地域还较少，品尝的汤品也不算多。但到了后期，产品研发部门为了某一款商品的研发会分成几个小组，奔赴全国各地，寻找最适合的风味原型，这成为白象最经典的产品研发方式之一。

在经过长时间的市场调研和自主研发以后，复合骨汤的风味终于确定了下来，并推出了相应的产品——"珍骨煲"系列。珍骨煲系列同样包含了猪、牛和鸡三种主要风味，但是它在一些猪骨汤的产品中加入了蹄花，形成了蹄花排骨风味；另外一些加入了鱼干，形成了鱼干排骨风味。因为当时韩餐非常流行，人们很喜欢韩式风味，所以也有了辣白菜和猪骨的叠加，形成了辣白菜猪骨风味。牛骨汤则在辣椒上下了不少功夫，通过红烧、麻辣、泡椒等不同辣型，呈现出不同的风味。而鸡骨则和排骨融合在一起，形成了全新的原鸡排骨风味。这些独特的风味给白象的骨汤方便面产品注入了新鲜的血液，相对于1元大骨面来说，可以算得上是真正的创新。刘菊燕说，珍骨煲的独特风味给消费者留下了很深的印象。很多年以后，仍然有消费者会问她这一款产品为什么后来吃不到了。

骨汤的烹制方法并不是唯一的，煲、炖、烩、滚、煨、蒸、汆等技艺，都可以用于烹制骨汤，但是不同的烹制方法会让骨汤呈现出不同的风味。在初次接触骨汤研发的过程中，白象产品研发部更多的是在关心骨汤的味道，他们将"好喝"定为最重要的目标，而在"珍骨煲"的研发过程中，因为有了之前的积累，他们开始将目光更多地聚焦在骨汤营养价值的体现上。为了实现这一目标，他们必须对骨汤生产厂家提出更高的要求，从骨汤熬制的各个环节予以精准把控。这样一来他们所能采购到的便不再是大众产品，而是"定制款"。

早些年，白象想要实现这个目标并不容易。当时白象在和骨汤生产企业合作时还没有太多的话语权，只是简单的购买和售卖的关系。但是现在的情况与之前已经大为不同，作为中国骨汤类方便面的开创者，白象已经成为骨汤生产企业的大客户，也拥有了定制专属骨汤的权利。因此，白象现在可以选择更好的原材料，不管是猪骨、牛骨或者煲汤的辅料，都要进行严格把控；在时间和火候上可以要求骨汤生产企业做更精细的管理，比如，要用大火将营养物质熬出来，然后再转用小火煲出食材的鲜美；最后，双方可以共同研发出最契合原材料的煲汤工艺，从而让汤头所富含的营养元素达到最大化，同时还要让汤头的味道更鲜美。

不过，骨汤的烹制只是这次创新的一部分。除此之外，白象还有一个更加大胆的想法，他们要对面条进行革新。别忘了方便面除了汤以外，还有最重要的组成部分——面。

骨汤让方便面的味道和营养都得到了极大的提升，这一点是大家追捧1元大骨面的原因。那么，既然骨汤能在汤里体现，为什么不能在面里也有所体现呢？这是白象当时问自己的一个问题，而且很快他们就找到了问题的答案：用骨汤和面。也就是说白象要改变由清水和面的传统，在和面时将老火慢熬的骨汤加入面粉里，经过独特的揉面工艺，将骨汤的营养渗入面体，最终得到爽滑、筋道、有劲的骨汤面条。这样一来，汤和面不就可以更好地融为一体，成就一碗真正意义上的骨汤面了吗！这就是白象想要做的。

"用骨汤来和面，这是之前没有过的。"方便面研发部制面研发组组长李芳说道，"这个听起来可能难度不大，反正有液体不就能把面粉和起来吗？可问题是骨汤不是普通的液体，它里面有油，这就成了最大的问题。"

含有油的骨汤不是增加了和面的难度，而是影响了面条的保质期。因为骨汤在提取的过程中温度是很高的，在高温的条件下，骨汤里的水、蛋白质、无机酸等物质会发生反应，从而导致骨汤中油脂的一些关键性指标发生变化。这样一来，油脂的保质期就会变短，如果用这样的骨汤来和面，会直接影响到面条的保质期。

既想要获取骨汤里的营养，又要确保面条的保质期不会受影响，唯一的办法就是将骨汤里的油脂含量降下来，但这不是一件简单的事情。

"当时从提出骨汤和面的理念，到发现骨汤里的油脂对面条会产生影响，再到一点点研究去解决问题，我们花费了很长时间。"李芳说道，"中间的这个过程可不是'去除油脂'四个字就能概括的。我们和骨汤生产企业一起想办法，希望能将骨汤里的油脂含量降到最低，制作出清汤骨汤，一种和冲泡方便面时完全不一样的骨汤。虽然过程很曲折，但最后，我们真的成功地达到了这个目标。"

"珍骨煲"这一系列里的所有面都成功地使用了骨汤来和面，白象不仅保留了骨汤的营养价值，将营养融到面条里，同时又最大限度地去除了油脂，达到健康安全的目标。

"当时这款面很受车间里的工人喜欢，在制作的时候面条就会散发出骨汤特有的香气，跟以往的方便面都不一样。即使是干吃，也很香。"李芳说。

既然用骨汤和面碰到了油脂不稳定、容易变质的风险，那么，用来冲泡方便面的骨汤难道不会面临同样的问题吗？

骨汤生产企业的工作人员说这个问题其实不需要担心，因为它们制作的工艺是不一样的。冲泡方便面的骨汤会经过油水分离这个重要的步骤。在这个过程中，一些可能会产生反应的物质会被清除掉。此外，分离出来的油还要用洁净的水进行清洗，将里面的杂质去除。所以冲泡方便面的骨汤是不会存在油脂稳定性差、保质期短的问题的。

从骨汤和面条上都进行了全新升级的"珍骨煲"承载了白象在骨汤方便面研发上更大的希望。它无论是在骨汤的含量、骨汤的风味，还是面条的口感方面，都做了一个极大的创新。当然，这也意味着产品的成本比1元大骨面提高了不少。白象最终将"珍骨煲"的价格设定为每包1.5元。这个价位在当时的方便面市场上属于中档以上。

骨汤和面，面条从此有滋味，是"珍骨煲"给消费者留下的印象，加上丰富的可供选择的骨汤风味，很多消费者对"珍骨煲"系列产品非常喜欢。这也是为什么多年以后，一些忠实的消费者在和白象的研发人员进行交流时，依然会怀念这款面的味道。

和1元大骨面相比，"珍骨煲"在品质上有了很大的飞跃，可摆在白象面前的并不是顺畅的前进之路。相反，"珍骨煲"并没有取得预期的成功，它在推向市场大约两年以后就退市了。当然，"珍骨煲"的失败并不在于产品的品质，更多的是缘于较高的定价。在白象还没有在方便面市场中占据绝对优势的时候，让消费者接受比主流定价更高的产品并不容易。

不过，"珍骨煲"的失败并没有让白象在骨汤研发的道路上停下脚步。为面配一碗好汤，让方便面在方便的同时，承载美味和营养的功能，是白象一直要坚守的目标。

2010年，白象上市了"精炖大骨面"系列产品。在这一系列产品的包装上，最引人注目的是每一种产品的口味，比如"原汁猪骨面""香辣猪骨面"等，而"精炖"这个系列品牌的名称则被处理得很小。这看起来是产品包装设计的理念，可实际上反映的是白象对于骨汤方便面的坚持。他们就是要继续在骨汤的领域中做下去，要让更多的消费者喜欢上这种新的更营养健康的方便面。

2006年在"珍骨煲"系列产品中首创的骨汤和面工艺，在精炖大骨面中得到了延续，筋道Q弹的骨汤面条，成为精炖大骨面区别于当时市场上其他方便面的显著特征之一。

不仅如此，这款全新的产品在骨汤上也下了更大的功夫。精炖大骨面的猪骨汤选用了上好的肘子骨作为熬汤的食材，这是研发人员经过无数次试验以后做出的选择，这将使熬制出的骨汤具有更丰富的营养。而这时候，他们口中的营养也不再停留于概念性的描述，他们在试验过程中对自己熬制出的骨汤进行了细致的成分分析。分析显示，每百克骨头汤里含有骨胶原15克，钙20.1毫克，磷37.8毫克，这表明骨汤的熬制是真正能将人体所需的营养成分溶解到骨汤里的。

随着人们生活和工作节奏的加快，花很长时间煲一锅汤似乎成了一件非常奢侈的事。而**白象正是希望用工业化的方式为人们煲出一锅鲜美的骨汤。这份色泽浓郁、味道清香的骨汤，尝起来和家里煲出的几乎一样。**而因为熬制的骨头分量多，再加上现代工艺的帮助，营养物质的溶出率比家庭熬制的骨汤还要高。正因为如此，白象才会一直坚守在骨汤的道路上。

为了能让人们看到这碗实实在在的骨汤，白象决定缩小传统的用来调味的粉包和酱包，同时将骨汤提取出来，制成单独的骨汤浓缩包，而不再将骨汤加入传统的酱包中。这看似小小的一包调料，却是白象耗费两年时间进行技术攻关后获得的，是白象迈出的一大步，它吹响了白象走向"开创高汤面"品类的号角。因为白象的坚守，这支号角吹得异常响亮和坚定。

2012年，凭借着品质、科技、理念、工艺、健康等多方面的开拓和创新，精炖大骨面斩获"全球食品工业大奖"这一世界食品行业顶级大奖。这一奖项被誉为食品行业的诺贝尔奖，只有为世界食品行业发展做出突出贡献的食品才有机会获此殊荣。在此之前，全球的方便面行业还没有产品获得过这一奖项。将中国饮食文化中源远流长的骨汤文化复刻还原，将营养健康的概念引入方便面行业，精炖大骨面的获奖，不仅是对产品品质的充分肯定，更是对中国民族品牌和中国食品文化国际影响力的一次重大提升。

"骨汤"大变革

备受行业专家认可的精炖大骨面也得到了消费者的青睐。2011年,白象精炖大骨面上市仅一年,就完成了从1亿元到20亿元的销售额增长,月增长率达到163%,创造了中国方便面行业单品销售的神话。不过,在白象董事长姚忠良看来,这还远远没有达到他们的目标。这个目标不是销量,而是品质。他觉得白象还可以将骨汤做得更好。

从2003年1元大骨面上市,到2010年精炖大骨面的推出,白象一直在骨汤方便面这个细分市场上深耕。白象的坚持一方面改变了很多消费者的习惯,让骨汤方便面成为他们购买方便面时的首选;另一方面也带动了整个行业在骨汤方便面领域的发展,越来越多的方便面企业加入骨汤方便面的生产队伍。然而,受制于骨汤研发和生产技术,以及企业研发和经营理念的限制,市场上的骨汤类方便面产品良莠不齐,大部分都只是在做骨汤口味,而非真正的骨汤面。面对这样的市场环境,以及为了健康美味而选择骨汤方便面的消费者，白象决定加大研发力度，做出行业内的标杆产品。那时候，白象已经有了远大的抱负，决心以自己的力量带动整个行业品质的提升。只有这样，骨汤类方便面才会走得更远，也才能对得起选择它的消费者。

2012年，白象开启了骨汤变革之路。这条路从研发人员到全国26个城市寻找真正的好骨汤开始。

其实，在骨汤方便面研发之初，白象产品研发部就已经在很多城市品尝过各地不同风味的骨汤。但那时候，他们走访的地域十分有限，白象也还没有将这样的"尝味之旅"从流程或者制度上固定下来，成为产品研发的必需环节。因此这次变革算得上是白象探寻骨汤本源的真正开端。

中国有着源远流长的饮食文化，不同地域的饮食都按照因地制宜的原则，拥有自己独特的食材和烹制方法，以及不同的饮食习惯和文化传承。看似一碗简单的骨汤，却在不同的城市有着完全不同的风味和制作方法。

白象派出了产品研发以及产品部两个部门的同事，分别去往全国不同的地方寻味。虽然这次涉猎的地域范围很大，但是因为已经有了将近10年的骨汤熬制经验，所以这趟旅程并不是盲目的"广撒网、多捕鱼"的模式。大家对于在哪些区域、哪种骨汤要进行重点考察，心里是十分清楚的。广东是这次寻味之旅中非常重要的一站。在讲究三煲四炖的广东老火靓汤中，骨汤是很常见的。广东人在煲汤的时候，不光注重食材的选择，还很擅长加入各类药材，达到滋补的功效。在考察的过程中，广东人煲汤时对时间和火候有着近乎极致的讲究，给大家留下了深刻的印象。除了广东的老火靓汤，有着一千多年历史的江西瓦罐汤、广东和福建比较流行的肉骨茶、湖北的莲藕排骨汤等，也是大家考察的重点。

"我们研发骨汤将近10年，照理说有了这么多积淀，这样的寻味之旅应该很顺畅。但事实上并不是。"刘菊燕回忆道，"因为如果单独喝汤的话，很多汤是挺好喝的。但是我们卖的产品不是汤，而是骨汤面，任何汤都要搭配着面来食用，这样一来和光喝汤的感觉是完全不一样的。在调研的初期，我们没有紧绷这根弦，导致碰了不少壁。比方说，我们当时去湖北调研的时候，就遇到了这样的问题。湖北的煨汤种类非常多，其中最有名的就是大家很熟悉的莲藕排骨汤，是用当地的红花藕来炖的。不同于我们炒菜用的那种脆脆的白花藕，红花藕有着粉糯的口感。我们在湖北当地喝了莲藕排骨汤以后，真是觉得舒服极了，不仅满口生津，喝下去立刻就会有滋补养人的感觉。大家都很兴奋，觉得找到了理想中的骨汤。在调研回来后，我们迫不及待地按照湖北当地煲汤的方法复刻了这款莲藕排骨汤。汤煲出来以后真的是鲜香扑鼻，我们感觉马上就要成功了。可是等我们在汤里煮了面条以后，就完全不是那么回事了。这个骨汤面吃起来感觉味道非常蹩脚，完全没有了喝汤时候的鲜美。当时我们都有点泄气了，因为之前对它抱的希望很大嘛！但是调整了情绪以后，我们很快就意识到这不是汤的问题，而是汤和面搭配的问题。这个莲藕排骨汤微甜的口感完全不适合跟面条搭配在一起。现在这个道理是很容易理解，但当时时间紧、任务重，研发的心态也很急，一下子就把这么重要的事情给忽略了。在后来的尝味之旅中，我们就特别注意这一点，然后就发现其实选到一款能和面完美匹配的骨汤原型是非常困难的。但是我想这个也是我们尝味之旅的意义嘛，如果很简单就能完成好，也不需要耗费这么大的人力物力来做这件事情。"

当时寻味小组在全国寻觅到心仪的汤品后，不光自己会在实验室复刻，还会邀请不同菜系的大厨进行指导。白象的董事长姚忠良常常说，在白象的产品背后是站着一批大厨的，他们用专业的技艺为白象的产品研发提供标杆性的样本。而让大厨参与到白象产品的研发中，也是从这次的骨汤升级开始的。

"现在回想起来，我们当时请到了不少大厨，有来自台湾省的一位很著名的厨师，还有粤菜、鲁菜、豫菜等不同菜系的厨师。他们的主要工作就是来制作我们已经选定好的骨汤。他们能够更精准地还原某一种骨汤的味道，给了我们很多专业上的指导。"刘菊燕回忆道。

从2002年到2012年，白象已经进行了10年的骨汤研发。但是在2012年进行骨汤升级的时候，好像一切又都回到了原点。这项工作对于研发人员来说没有变得更简单，相反好像比从前更难了。

"过去我们只是跟开水泡面作比较，研发骨汤的时候，只要达到美味的目标就行。但是过了10年，我们是和自己在比较。既然要做标杆性产品，那么我们的标准肯定就会高很多。"刘菊燕说道，这正是研发工作越来越难的原因。

"在最初熬制骨汤的时候，我们更多追求的是汤的那种骨油香，就是通常熬汤时飘出来的那种香味。后来我们觉得除了骨油香，还需要肉香。因为熬汤的时候其实它不光有骨头，肯定还有肉，有肉感的呈现。这个肉香怎么样给它熬出来，体现出来，是后来我们一直在追求的。那么到了2012年的这次产品升级研发，我们更想做的是让骨汤达到一种很舒服的体验感，骨香、肉香能够相辅相成，同时骨汤的味道还不能有很多调料来调味的感觉。这里面有一个度的把握很重要，既要能表现出风味，也要让风味自然纯净，不要有太多人工加工的痕迹。当然，最重要的一点就是这道汤还要能和面很好地配合起来。这就是我们自己对于骨汤的标准。"刘菊燕说道。

任何汤品要达到这样的标准都是不容易的，而骨汤尤其难实现。"骨汤不像鸡汤，它没有特别明显的风味特征。想象一下我们在家里喝的排骨汤和鸡汤，就能体会到它们之间的差异。我们在市场上品尝的骨汤越多，大家越发觉得想要将骨汤做好是一件很难的事情。在这趟寻味之旅中，我们最后锁定的较为满意的骨汤原型来自山东著名的孔府宴。"刘菊燕继续说道。作为中国饮食文化的重要组成部分，孔府宴经过数百年的发展，形成了今天适用于不同仪式的风味独特的家宴。经过多次品尝，孔府宴中的骨汤似乎击中了白象研发人员的味蕾。这似乎和他们理想中的骨汤十分接近。

"但也只是接近。"刘菊燕有些遗憾地说道，"虽然孔府宴中的骨汤十分美味，但是它依旧不能直接成为白象产品的骨汤。它和我们理想中的骨汤的风味还有一定的差异。当汤和面融合在一起以后，这种差异就会被放大。"刘菊燕说。因此，白象研发人员开始以这道骨汤为原汤，在此基础上继续进行风味研发，直至呈现出与面条能够完美匹配的骨汤。

徐智是白象研发部门的老员工，这次骨汤产品的升级，她也全程参与其中。"虽然有了原汤作为基础，但研发的难度还是很大。当时我们研发部门在实验室里至少经过了上百次的调试，终于觉得把这个原汤调到了不错的状态，然后就很兴奋地请产品部的同事来一起品评。结果他们一开口就提了很多意见，说这个汤色能不能再浓一点，香气能不能再浓一点，鲜味能不能再足一点。当时听了以后的第一感觉真的是非常崩溃，一点都不夸张，毕竟我们做了那么多努力，结果大家都不太满意。"即便后来所有的新品研发几乎都经历了这样的过程，但是作为最早的一次骨汤革命性升级，徐智到现在依旧能清晰地回忆起当时的情景，"但是工作还得继续啊！骨汤的味道如果连我们内部人员都征服不了，那肯定是有问题的。所以崩溃过后，我们能做的就是冷静下来，好好思考一下问题出在了哪里。好的产品就是需要精心打磨、反复锤炼的，创新型的骨汤当然更需要从成百上千次的失败中总结经验，最终走向成功。作为一名技术研发人员，这时候就是需要展现我们专业的时候，所以我们一定不会抱怨，也一定不会放弃。"

在2012年之前，白象在骨汤方便面中所使用到的骨汤，在很大程度上是需要依赖骨汤生产企业的，它们能将骨汤熬制到什么样的标准，很大程度上决定了白象能为消费者提供什么样的骨汤方便面。虽然在做精炖大骨面的时候，白象已经可以向骨汤生产企业提出很多要求，可是这离他们想象当中的理想状态还有一大截差距。即便在采购了原汤之后，白象的研发部门还会做很多工作，对原汤进行调味，但是由于技术和设备的关系，可供他们发挥的余地并不如想象中那么大。到了2012年，白象决定彻底扭转这一局面。既然骨汤要升级，骨汤生产企业也必须跟着升级。

河南普乐泰食品科技有限公司（原河南普乐泰生物科技股份有限公司，以下简称普乐泰）是白象的骨汤供应商之一，两家企业的合作开始于2011年。虽然合作的时间不长，但是白象对于普乐泰的专业非常认可。在2012年这次骨汤产品升级项目中，白象将自己熬制骨汤的配方以及对工艺的要求带到了普乐泰。

"当时白象对我们提了一个很高的要求，要让我们把高温高压的骨汤烹制方法改成常温常压的方式。也就是把熬制骨汤时设备的压力降低一些，温度也要降低一点。这听上去只是四个字的改变，可是真正执行起来是革命性的，是颠覆整个行业的，因为在此之前行业内的骨汤熬制走的都是传统的高温高压的路线，谁也没想过要把这个工艺给改了。一旦改变，带来的会是很多意想不到的影响，比如，微生物的控制，风味的转变，出品率的控制，还有生产效率的降低，这些在成熟的工艺下都不是问题的问题，都将会变成问题。所以对于我们来说，肯定是不太愿意接受白象提出的这个要求的。为什么要把已经非常成熟的工艺改掉，给自己制造这么多风险呢？我们觉得根本没有这个必要。"普乐泰的总经理崔钦钦回忆道。

将高温高压改成常温常压，是广东的老火靓汤给白象的研发人员带来的启示。时间和火候会赋予骨汤特别的风味，正如《吕氏春秋·本味》中所讲述的那样："凡味之本，水最为始。

五味三材，九沸九变，火为之纪。时疾时徐，灭腥去臊除膻，必以其胜，无失其理。"在那么早的年代，文章里就讲明了火候的重要性，看来中国人对于火候的讲究真的是由来已久。使用高温高压的方法熬制骨汤，骨汤营养素的提取率会比较高，但是因为时间短，食材不和空气充分接触，就会丧失很多风味。而在常温常压的熬制过程中，骨头里的成分会慢慢溶解出来，而不是瞬间析出到骨汤中。在溶解的过程中，会产生一些奇妙的反应，让香气的成分慢慢形成，因此汤的风味也就比高温高压熬制的更丰富、更鲜美。这就是白象想要从源头工艺上进行改变的原因。

"我们也知道这个改变很难，因为原先骨汤熬制的过程是自动化的，只要把食材放入大罐子里，后续的工序基本上是按照程序自动完成的。但是改成常温常压之后，就像在家里煲汤一样，要不断地盯着锅，要注意时间和火候，因为一点点疏忽，汤的风味可能就偏了。另外还要特别注意原料的新鲜度。在家常熬汤的过程中，因为量比较小，升温降温都比较容易，品质容易控制。但是在工业化过程中，骨汤成了微生物生长的温床，骨汤在车间的周转时间如果太长，就会出现不新鲜的微生物分解的异味。因此，常温常压对于骨汤生产企业的原料管理、设备配置、车间周转方式、周转时间、设备的清洁程度、环境卫生等都有很高的要求。"刘菊燕说。

白象打定了主意是要掀起行业的变革的，它不会轻易放弃自己思考成熟的想法，而普乐泰呢，在经过与白象一轮又一轮的沟通后，也慢慢动摇了。"最开始我们的确不太愿意尝试，这当然是出于安全和方便的原因，但是经过双方不断地探讨，深入交流，我们理解了白象提出这一要求背后更深层次的原因。如果我们能够克服困难，成功地研制出常温常压的骨汤熬制方法，那么这种高品质的骨汤一定是未来的方向。想通了这一点，代表着我们从观念上彻底发生了改变。这下事情就变得顺利多了，既然都想要朝着行业未来发展的方向快步前进，就不能有那么多的包袱，要奋力搏一下才行。"崔钦钦说道。

从高温高压到常温常压，要适应的不仅是人工的增加，效率的降低，还有一系列需要改变的地方：要重新设计生产流程，改造生产设备，重新培训工作人员，还有食材清洗的方法，熬制过程中微生物控制的标准，以及生产过后废弃物该如何处理等方面，都要做出相应的改变。这像是多米诺骨牌，一个环节出错，一条生产线上的汤就全部浪费了。但即便如此，普乐泰还是接下了这个艰巨的任务。

"我们磕磕绊绊地花了好几个月的时间，每一个细节都经过反复的科学验证，不停地做测试，终于按照高标准生产出来了味道鲜美醇厚的骨汤。"崔钦钦说道，"虽然过程很艰难，但是现在回想起来当时的辛苦是非常值得的，因为这个方向是正确的。"

2013年底,白象申请了"一种家常猪骨汤工业化生产方法"的专利,详细说明了如何用工业化的方法还原一碗家常的鲜美醇厚的骨汤。这次骨汤升级战可以说取得了阶段性的胜利。

开启骨汤泡面的新时代

新升级的产品是白象最初研发的骨汤方便面——1元大骨面的延续,名字仍然叫作大骨面。不过和1元大骨面,以及后续的珍骨煲、精炖大骨面都不同,这次的产品只有一个口味,就是原汁猪骨。白象拓展骨汤方便面领域是从熬制猪骨汤开始的,这一次内部品质升级战也将重点放在了猪骨汤上。这一方面是因为猪骨汤是白象的创新,引领了中国骨汤方便面的市场;另一方面通过对之前产品的调研发现,消费者对猪骨汤的认可度还是很高的。于是,白象当时想要将精力重点放在猪骨汤的研发上,做出一款他们理想中的真正出色的骨汤面。白象要向消费者证明用工业化的方式,是完全可以完美地还原出我们在家里常常吃到的健康、营养而又美味的美食的。**花这么长的时间就只做了这一个口味,这听上去似乎有些浪费,但是白象清楚地知道,只有慢下来,才能做出真正的好产品。**

新版的大骨面用了亮黄色的包装,代表着营养美味的骨汤，而它的配料完全放弃了传统的酱包，取而代之的是一个大大的骨汤包。

从新鲜的猪骨，到一包高度浓缩的骨汤，体现的是白象踏踏实实地做好产品的信念。这期间，每一道工艺都考验着研发以及实施的能力。现在，让我们看看白象和普乐泰是如何齐心协力用常温常压的方式来还原这款营养美味的骨汤的——

为了骨汤的味道更加鲜美、立体、舒服，从选择原料开始，就要极为讲究。不同的原料有其独有的特点，唯有精心地搭配才能体现出中间最细微的区别。

为了猪骨在熬汤时营养物质会更好地溶出，这些猪骨都要事先被送入碎骨机压成小段。压碎猪骨的时候要特别注意，如果压碎后的颗粒太大，骨头中的成分萃取就会出现不充分的情况，骨头的利用率就会降低；而如果将颗粒压得太小，在随后的清洗、焯水等过程中，则会带来过多的损失，导致成本增高。

猪骨压成大小合适的小段以后，接下来就可以清洗和焯水了。这时要像在家里煲汤一样，将食材中的血水去除得很干净，否则会直接影响到骨汤的风味和色泽。

紧接着，这些猪骨就会全都被装进一个大吊笼里。随后在大吊车的帮助下，这一笼大骨被转移到盛满清水的大锅。要注意骨头必须冷水下锅，这样骨头营养成分才会逐渐溶出。要是骨头被放在热水里，则会引起骨蛋白的迅速收缩，影响到提取骨头中的营养素。

等水烧开后，沸水会将大骨冲散，在温度的作用和时间的陪伴下发生充分的乳化反应。采用常温常压进行骨汤熬制的时候，要特别注意火候的控制。使用大火的时候，汤色会呈乳白色，味道也较为浓香。而使用小火熬制时，汤色会很清澈，味道也更清爽。此外，在熬制的过程中，就连盖子盖不盖都会对汤的韵味产生很大影响。所以，进行火候的转换是非常复杂的工艺，这也是之前研发人员在几个月的试验中慢慢总结出来的。

时间是影响骨汤风味的另一个重要因素。刚开始进行熬制的时候，骨汤闻起来十分鲜香。到了一定时间，骨汤就开始向醇厚、浓郁的方向发展。再后来，随着骨汤溶出的成分越来越多，骨髓的留香开始被慢慢地感觉到。不同的烹饪时间，会让骨汤呈现出不同的风味。白象想要的并不是单一的风味，而是要将几种风味巧妙地融合在一起，让骨汤的口感更加立体而丰富。为此，白象设计出了多段提取的工艺，以获得完整的骨汤体系。

熬好以后的骨汤在筛过骨渣以后，就会通过粗粗的管道进入离心机。在这里，骨油、骨汤、细骨渣会被分离。还记得之前提到的用骨汤和面时，油脂在高温的状态下会不稳定，影响面条的保质期问题吗？骨汤包里的骨汤，就是因为经过了这道油水分离的工艺，所以不会产生同样的问题。不过在这道工序完成以后，还要再将汤和油混合起来，形成最终的高汤。因为在混合的时候是有非常精确的标准的，所以可以确保每一锅高汤的浓度、口感都是一样的。这也是工业化的优势，相比传统的家庭烹饪来说，工业化还原因为有着相对应的标准，可以做到每一锅、每一包骨汤的味道都是一样的。

至此，骨汤原汤终于熬好了，但是这样的汤距离变成骨汤方便面中的骨汤包还有很漫长的路要走。因为熬好的汤中水分含量较高，很难常温储存，也不利于运输，必须经过一定程度的浓缩，才能达到最后的标准。但浓缩并不是想象中那么简单的事情，它非常考验工艺的设计以及生产设备。如果浓缩后骨汤浓度过高，骨汤风味的损失就会很严重，之前一切的努力就都白费了。而如果骨汤的浓度过低，则会让稳定性变差，对骨汤的贮存产生很大的影响。为了解决这个问题，在反复的试验中，真空低温浓缩方法出炉了。

在相对真空的环境下，骨汤可以保持低温沸腾，而不像常温下需要100摄氏度才能沸腾。这样汤里的水分就会蒸发出去。以这样的方式进行骨汤的浓缩，不仅能达到有效去除水分的目的，也能最大限度地保证汤品的风味。

浓缩完的骨汤已经非常醇厚了，但它仍旧只是一锅原汤。

想要让骨汤的味道达到之前预期的目标，还有最重要的调味步骤。在接下来的时间里，白象的产品研发人员就要在原汤的基础上放入一些香辛料。放汤的调料是非常讲究的，与汤的特征要性味相投，既能提升汤的鲜香味，又不能喧宾夺主，夺去汤的自然美味。而且每种调味料要在什么时候放，以什么样的形态放，时间、温度、状态等都有严格的标准，否则骨汤最终呈现出来的味道就达不到最理想的状态。调味是白象的独家秘方，也是风味成败的关键。

这一切都完成后，骨汤包终于要出炉了。从新鲜的猪骨到一包小小的骨汤包，要经过原料骨头的挑选、破碎、焯水、熬煮、油水分离、真空浓缩、调味、杀菌、检测包装等一个又一个的环节。这一锅大骨汤需要 2 吨大骨，核算成腿骨的话大约就是 4000 根，它们最后会被制作成 2 万包骨汤包，配入骨汤方便面中。

2013 年，随着新版大骨面的上市，白象正式开启了从"白水泡面"到"骨汤泡面"的新时代。被消费者称为"有骨汤的方便面"的大骨面，还成为第二届世界健康产业大会的指定产品。

大骨面对于白象来说，不光是产品技术的提升和飞跃，更是文化和理念上的彰显。从初入职场就接触骨汤研发的刘菊燕感受很深："之前我们做骨汤更多的是考虑技术，看看用什么样的技术能实现我们的想法。但随着骨汤研发越来越深入，我们开始考虑感受。**食物的味道是有传承的，是一种看不见的遗产。我们做食品企业，这些经过漫长的时间传承下来的中国饮食文化，我们是有责任将它继续传承下去的。**可以说从2013年的大骨面升级开始，我们学会了将自己的情感放在产品中，这点是最重要的，会导致你在研发的每一个环节都发生相应的变化。所以，我们不再只考虑工艺技术，而是将自己对食材的理解，对工艺的理解放到产品中，真正地想要利用技术去还原出一份我们自己非常喜欢的、认可的、健康美味的产品，然后再把这样的产品交给消费者。大骨面对于白象，或者对于我们来说，更重要的一点就是在这个过程中让我们的整个理念发生了巨大的变化，这为我们后续产品的开发奠定了一个跟过去相比完全不一样的基础。我觉得这也是白象对方便面行业做出的一个很大的贡献。"

鸡汤之旅

白象全力打造的大骨面在上市时，是只在河南一个省份销售的，当时白象希望能把河南市场做透，然后再推向全国。"大骨面那时候是非常受消费者欢迎的。我记得大概只用了两年时间，大骨面就成为河南销量第一的方便面产品。"2006年进入白象的王晓果，很幸运地参与到了这样一款好产品的打磨中。直到今天回忆起来，大骨面仍然是她印象最深刻的产品之一。

白象在大骨面的推广上花费了很大的力气，在河南地区所取得的成绩也证实了产品的质量是过硬的。但是这种成功似乎只锁定在了河南，它没有像之前预期的那样从河南开始进而走向全国。造成这一局面有着综合性的原因，但其中单一的口味一定是重要的因素之一，它成了悬在公司头上的一把双刃剑。要在这一个口味上下足功夫的白象，的确实现了自己的目标，他们在做出一款非常高品质的产品的同时，也完成了技术上的飞跃。当时白象所采用的骨汤浓缩还原的创新工艺，已经拥有世界级的先进水平。可是，单一的口味的确给消费者带来了很多不便。在新的产品层出不穷的今天，消费者对于产品的需求是多样化的。"将所有的鸡蛋放在一个篮子里"这样破釜沉舟的做法，无异于在自己和消费者之间筑起了一堵高墙。一方面想要再努力一把，让这款单品能够获得最终的成功；另一方面又眼睁睁地看着大面积的市场在眼前流失，在被这个问题困扰了很长一段时间后，白象痛下决心，做出了战略上的调整。他们开始拓展多口味的产品，以改变当时面临的困境。

"当时多口味的精炖大骨面依然在市场上销售，但是'精炖'系列已经卖了几年了，不管是从产品形态上还是售价上，都有些乏力，已经承担不起重任了。当时亟待有新的多口味的骨汤产品出来。"方便面研发部的总监闫红伟说道，"为了能够抓紧时机，更快地推出新品，我们首先想到的就是以猪骨原汤为基础进行开发。因为之前猪骨汤熬制工艺已经非常成熟了，而且猪骨原汤面也有了一定的粉丝基础，所以这时候选择多口味的猪骨汤面是最便捷的。"

白象将猪骨原汤与菌菇、海带、酸笋、酸菜等食材搭配在一起，形成了菌菇原汁猪骨面、海带香辣猪骨面、酸菜炖猪骨面和酸笋猪骨面四种口味。这些口味的灵感也得益于大骨面研发时在全国的寻味之旅，那时候研发和市场人员通过在不同地域的尝味，积累了很多原汤的素材和灵感。于是，当他们在研发用什么食材来搭配猪骨汤时，摆在面前的不再是一道毫无头绪的难题，他们很快就将食材的种类确定了下来。菌菇和海带都是鲜味极好的来源，它们和猪骨原汤的搭配，能够将自身的鲜味和汤的鲜味进行叠加。酸菜和酸笋则有着非常独特的风味，和骨汤搭配在一起，不仅能让口感更加立体，还能增强食欲。

这一系列产品名为"珍骨汤"，所谓"珍"指的就是和骨汤搭配的丰富的配菜。2014年8月，包含四种口味的"珍骨汤"系列就已经量产上市了。和大骨面的研发相比，这款产品研发及生产的速度非常快。这表明当时白象的骨汤研发以及生产工艺都已经达到了非常成熟的状态。

多口味的珍骨汤为消费者提供了更多口味的选择和更大的市场容量空间，是对大骨面的一个极好的补充。但是说到底这些口味的拓展仍旧是围绕猪骨原汤进行的，多口味的问题还没有从根本上得以解决。"中国其实有很大一部分人群是不吃猪肉的，我们在终端推广猪骨汤的产品时，会受到一定的限制。"目前就职于产品一部的穆艳荣回忆道。这一点其实大家在研发之初就想到了，可是为了能够节省大量时间，以最快的速度推出可供消费者选择的新品，这样的做法在当时来说是最稳健的。事实上，多口味的猪骨汤面也的确起到了快速填补市场的重要作用。可是，如果想要让骨汤产品健康长久地发展下去，成为更多消费者的选择，从本质上进行口味的拓展就是一道绕不过去的坎。在围绕着猪骨原汤兜兜转转了好几年之后，白象终于下定决心做出改变，把骨汤的研发重心从猪骨汤上分出一部分放在鸡汤中。这个改变不是很容易就做到的，毕竟猪骨汤面是白象首创，也被寄予了很大的希望，大家还是期待着有一天它能够成为白象产品中最受欢迎的单品。但是严峻的市场形势在不断地逼迫着白象尽快做出调整，否则他们精心培育的骨汤市场很可能会把他们抛弃。鸡汤的研发就是在这种不得已的情况下开始的。

在中国，骨汤和鸡汤被誉为两大神汤，这大概是因为这两种汤品的地域分布是最广的，人们的接受度也是最高的。大部分家庭在煲汤时，最常煲的也是排骨汤或者鸡汤。

其实在之前的产品中，白象已经涉猎了鸡汤风味。比如，"珍骨煲"系列里就有原鸡排骨口味。但是当时是为了让排骨的口味更丰富，才融合了鸡的风味，鸡汤只是作为配角存在的。这次他们要将鸡汤变成主角，在白象的研发人员看来，这似乎不是一件特别困难的事情。

"我们是用中式吊汤的方法来熬制猪骨汤的，和当时市场上流行的日式豚骨汤非常不同。不刻意追求汤色的浓白度，而是保留它清亮的色泽和清爽的口感。之所以有这样的选择，是因为我们要传承复刻的是中国饮食文化中的骨汤。但是这就存在一个问题，如果不表现浓白的汤色，猪骨汤的价值感是非常难体现的。正因为如此，在猪骨汤的研发上，我们花了非常大的力气，最终才得到一款我们感觉很不错的产品，既保证了健康美味，又能最大限度地体现出它的价值感。但是鸡汤不一样，鸡汤的鲜味相比猪骨汤更容易表现出来，所以它的价值感也更容易体现出来。"方便面研发部总监闫红伟说道。

白象最终选用生长周期更长、体内氨基酸等营养物质含量更高的老母鸡作为炖汤的食材，因为有猪骨汤熬制的工艺作为原始积累，鸡汤的煲制要比想象中顺利很多。很快，老母鸡汤口味的"珍骨汤"产品就这样应运而生了，它成为猪骨口味产品的一个很好的补充。

"从2015年到2018年，因为口味和价位都更符合当时的主流需求，2元一包的珍骨汤方便面成为白象当时最重要的产品。当时公司还是一直在主推几种猪骨口味，毕竟猪骨口味是我们的看家本领。但是很快产品部的同事就发现，老母鸡汤口味在市场上的表现非常好。在没有任何资源推广的情况下，凭借产品的自驱力，老母鸡汤面脱颖而出，得到了很多消费者的认可。"闫红伟回忆道。

无心插柳柳成荫的珍骨汤老母鸡汤面，推动着白象开启了骨汤面之外的另一条赛道——鸡汤面，为接下来白象的拳头产品"汤好喝老母鸡汤面"的上市，打了一场漂亮的预备战。

既然要将鸡汤面作为全新的赛道，那么推出的产品就不能只是用"不错"来评价。这样一来,当初只是作为猪骨汤面的补充而上市的珍骨汤老母鸡汤面,显然满足不了白象此时对于品质的要求。就像当初不惜花费人力、物力和时间,最终做出了一碗品质极高的骨汤面一样,白象也要以同样的标准要求自己,做出行业内标杆性的鸡汤面产品。而这款产品就是后来得到消费者极大认可的"汤好喝"。

相比猪骨汤,鸡汤的种类要丰富得多,松茸鸡汤、花胶鸡汤、参鸡汤、菌菇鸡汤……不同的地域有着属于自己的鸡汤味道。这给白象的研发人员提供了很多灵感,同时也提出了更高的要求。他们要如何在这些风味完全不同的鸡汤中找到一款能被大多数人接受的、更典型的鸡汤呢?有了2012年大骨面升级时在全国各地的寻味经验,这一次他们也要奔赴全国各地,只为找一碗好喝的鸡汤。

品尝美食是令人愉悦的,但是当它变成一项工作以后,便没有那么诱人了。

"被店主误解是常有的事儿。"从河南工业大学食品科学与工程专业毕业后就加入白象的牛静静,在白象已经工作了快20年,她参与了"汤好喝"这一系列产品的全部研发工作,"因为我们看起来就不像普通的去吃饭的客人,进店以后光点汤,还点几份不一样的汤。等汤上来后,我们先拍照,接着看了又看,闻了又闻,然后就在随身带着的本子上做记录,把它的汤色、味道、食材搭配都记录下来。做完这些工作以后，才来品尝。品尝的时候，也是一边喝，一边记。看到这儿，很多店家都会非常警惕，认为我们是其他餐厅派来偷师的，恨不得要把我们赶出去。"

这样的经历对于牛静静和同事们来说已经司空见惯了，这时候他们都会跟店主解释自己的工作。大部分店主都能理解他们，一些热心的店主有时候还会饶有兴致地跟他们聊一聊，讲讲自己煲汤的方法。

"我们当时去安徽试吃肥西老母鸡汤的时候，就遇到了特别好的店主。他了解了我们要做的事情之后，就认真地跟我们讲他们煲汤用的是什么鸡，煲汤的时候要放多少水，要放什么香料，煲多长时间。"牛静静说道，"后来我们就在当地买了这种鸡，按照他们的方法来煲，但很遗憾的是最后没有达到特别理想的效果。"

寻味，还原，这当然不是一两次试验就能成功的事情。对于牛静静和同事们来说，失败才是他们常常需要品尝的滋味。

"有时候我们实在理不出头绪，不知道我们在炖汤的时候出现了什么问题，就只能向大厨请教。在研发老母鸡汤的时候，我记得我们最先寻找的大厨是中国烹饪大师、豫菜的金牌人物——周杰。"牛静静说。

厨艺大师能从煲汤的技艺上给予指导，牛静静和同事们在大师的帮助下，会很快突破一些煲汤过程中遇到的技术瓶颈。不过，在不断地寻味和研发的过程中，他们发现不同地域的鸡汤之所以拥有不同的风味，除了煲汤的方法不同，食材也极为关键。一方水土养育一方鸡，用生长环境不同的鸡，能够炖出口味非常不同的鸡汤。于是，寻味之旅慢慢地就变成了寻鸡之旅。

"对全国各地的鸡越来越了解之后，就会发现其实不是每一个地方的鸡都适合炖汤，它们擅长的本领是不一样的。"牛静静说，"比如，广东的清远鸡非常有名，但是它就不适合用来炖汤，而适合白切。只要经过简单的加工，它的肉就非常鲜美。再比如，一些在东北地区养殖的鸡，含油量比较高，这样的鸡就更适合红烧，如果用来炖汤，这个汤就会有油腻感。平时我们在家里炖鸡汤的时候可能并没有特别在意这些，市场上卖什么鸡我们就买什么鸡。但是我们在做产品的时候，这一点就成为必须考虑的最重要的因素之一，我们要选一种最适合炖汤的鸡。所以，说到老母鸡汤的研发，和五六年前金星大骨面升级时的产品研发最大的不同，就是食材上更加考究了。过去我们关注食材本身的品质，用的都是上等的猪骨，至于这种猪生活在哪里，我们没有过多的限制，用的都是市场上的通货。但是这次不同，光是选定鸡的品种我们就下了很大的功夫。"

想要找到一种合适的食材不是一件容易的事，牛静静和同事们奔赴全国各地找了很长时间，可没想到最合适的竟然就在身边。

"找来找去我们发现，离郑州不远的信阳市有一种非常有名的鸡叫作固始鸡，它就是炖鸡汤的上好食材。"牛静静说。

固始鸡生活在河南信阳市固始县以及周边的一些地区，在独特的气候、地理环境以及传统的养殖方式下，成为著名的肉蛋兼用型地方优良鸡种，是国家重点保护的畜禽品种之一。固始鸡向来有着"土鸡之王"的美誉，在明清时期，还是宫廷的贡品。

"我们是怎么发现固始鸡的呢？当时我们在固始的一家小店里品尝鸡汤，我记得特别清楚，那家店很小，但出人意料的是汤的味道特别好。整碗汤只能喝到鸡肉本身的鲜味，其余什么调料的味道都没有。"闫红伟回忆道，"当时就感觉哎呀找对了，这就是我们找了很久的那个味道。我们都很兴奋，打包了店里的鸡汤，然后还问店老板炖汤的鸡是在哪个市场买的，我们也去同一个地方买了两只鸡。那时候公司的总部还在北京，店老板肯定想不到我们是要把汤和鸡都带回北京的。等回到北京以后，我们就在自己租的房子里炖鸡汤，鸡汤里除了姜什么调料都没放，就是食材本身的味道。这个汤炖了好几个小时，炖好以后，我们就把汤装在保温饭盒里带到公司，让同事们一起品尝。"

在一边寻味一边研发的过程中，白象对于自己理想中的鸡汤的样子渐渐清晰起来，他们只想要还原食材本身的味道，而不需要添加太多的调味料。这样的炖汤方式其实就是家庭中最常见的。

"我们把汤拿到公司以后，大家先尝汤，然后再泡面，要吃吃看加上面以后还是不是这种感觉。"闫红伟说道，"当时可紧张了，因为那段时间我们每天都在喝鸡汤，都记不清喝了多少了。这个鸡汤是我们好不容易才找到的，而且跟我们想象中的味道真的非常接近。我们谁都希望这次能成功。一切准备好以后，大家开始品尝。结果呢，结果非常好，不管是研发部、产品部还是公司的领导，都觉得这碗汤是很原始很自然的味道，这个方向就是我们要找的，大家的意见非常统一。我们简直太高兴了。其实我们自己煲的这个汤还没有完全还原我们在固始那家小店里喝到的鸡汤，毕竟原料的新鲜度、煲汤的工艺都不如当地，但即便如此也还是得到了大家的认可，那么这个方向就可以确定下来了。"

确定了鸡的品种后，选择食材的工作还没有结束，因为还要考虑鸡的年龄。

"用不同年龄的鸡煲出来的汤，口味是有差异的。所以在确定了使用固始鸡以后，我们就在研发中用不同年龄的固始鸡来做试验，有三个月大的，半年大的，一年大的，还有两三年大的。我们选的都是老母鸡，因为它的生长周期比公鸡长，体内的营养物质也更多，更适合炖汤。然后我们经过不停地试验、试喝，发现刚刚超过一年的老母鸡是最合适的。它不仅炖汤好喝，肉质也很鲜嫩。我们平时喝鸡汤不可能光喝汤不吃肉，所以还要考虑肉质的问题，如果鸡的年龄太大，它的肉质的口感就会偏老一些。"牛静静说道，"所以整个选鸡的过程是非常长的，我们综合考虑了鸡的生长环境、品种、年龄这些因素，再通过不断地试验，最后确定了鸡的原型，它从香气和口味上都更符合我们大多数人的需求。"

确定好食材，也还只是"鸡汤之旅"的开始，接下来的旅途还很长。

"信阳鸡汤之所以拥有独特的风味，不光和鸡的品种有关，还有很多其他的影响因素，比如水。但是我们在工业化生产的时候，全部用信阳的水来炖汤是不现实的。所以我们请了很多厨艺大师来给我们指导。我们去信阳买了鸡汤带回实验室，然后让大厨品尝，他们再抓出这道鸡汤口感、口味上的特点，来进行还原。我们请的大厨都是不同菜系的，有豫菜、粤菜、京菜等。因为不同菜系的烹饪方法不太一样，我们取百家之长，最终总结出一种最能呈现我们想要的效果的烹饪方法。在这个转化的过程中，我们通过一些烹饪过程中独特的工艺，包括对于时间、火候的把握，是可以做出接近我们寻找的汤的原型的汤，或者说能够做出比原型的汤更美味、更适合和面搭配在一起的汤。"牛静静说道。

邀请厨艺大师共同参与产品的研发，意义就在这里。不管找到什么样的原型，最终还是要进行大规模的工业化生产。那么在工业化生产之前的这道转化工序就变得极为重要。白象要通过强大的产品研发能力，一方面减少原材料带来的束缚，一方面则要保证尽可能精准地还原出一道美食，这样才有后续工业化生产的可能性。

以信阳鸡汤为原型来研发老母鸡汤面，在白象的研发人员经过无数次试验之后，被证明是一条行得通的路。可是这又对供应链提出了很高的要求。工业化生产的规模是非常大的，生产所需要的鸡不是几只、几十只。对原材料有着极高要求的老母鸡汤面，一旦开始生产，就需要大量的特定品质和年龄的鸡，供应商能够解决这个难题吗？

从2011年开始合作的普乐泰，从众多供应商中脱颖而出，最终成为白象老母鸡汤主要的战略供应商。"他们之所以能成为我们的战略合作伙伴，是因为他们做的不仅是骨汤，而是全产业链，这就解决了最重要的原料问题。"白象企业文化部总监侯志勇说道。在过去的很长一段时间里，他都在负责白象的采购工作。

"我们的母公司的业务范围涵盖了动物的育种、养殖、屠宰，这是我们非常大的一个优势。我们可以做到全产业追溯、监控。那么涉及原材料这部分，无论是品质，还是安全性，都会给客户提供很大的保障。"普乐泰的总经理崔钦钦介绍道。

"一旦成为白象的战略供应商，我们之间就不再是单纯的采购关系，我们要在一起进行产品的前期研发，包括我们需要什么样的原材料，这样的原材料用什么样的工艺来进行生产等，一旦我们在一起确定了方向，他们就会开始想办法来满足我们的需求。就拿用什么样的鸡来说，他们也给了我们很多专业意见，毕竟他们有养殖的经验。当我们最终确定下来鸡的品种、年龄以后，他们就按照这个要求进行储备。"侯志勇说。

"我们的研发团队是和白象共享的，生产工艺也是和白象共享的，每隔一段时间，我们就会去白象，或者白象的同事到我们这里来，进行深入交流。我们把自己定位为帮厨，而白象就相当于一家餐厅的主厨。我们要做的就是通过我们的专业，帮助主厨完成他想要的菜品。"崔钦钦说。

"在确定了老母鸡汤的基本样式之后，我们就请普乐泰的同事来我们的研发中心交流。他们要看我们怎么样在实验室里熬制小样，这样回去之后就能根据他们的设备进行微调，最终呈现出一个理想的效果。这中间我们请不同菜系的大师来煲汤、指导的时候，普乐泰的研发人员也会在场，这会让他们更了解我们的需求，也能够更好地帮助我们来实现。"牛静静说。

与供应链上游厂家的高度配合,使得鸡汤的研发比猪骨汤更顺利。当然,这也得益于研发猪骨汤时在流程、工艺、设备上的储备,之前的所有努力,都让今天的路走得更加从容。

然而,问题依旧还是存在的。

对于老母鸡汤的研发,白象似乎走了一条化繁就简的道路。无数次的试验过后,他们总结出来的炖煮方法几乎与家庭炖煮的方法一样,其中最大的奥秘就是要慢。要慢慢炖出它的鲜味,然后再通过缓慢地升温,将它的香气激发出来,最终能够达到口感和香气的完美结合。有了之前猪骨汤升级时常温常压炖煮工艺的准备,炖汤的过程很顺利。但是到了后半段,工艺就出了问题。

"汤好喝和之前升级的大骨面还有一个特别不一样的地方就是,汤好喝只配备了一包慢火炖煮出来的高汤包,它不仅摒弃了酱包,就连调味的粉包也没有了。传统的粉包里面通常会放一些盐、胡椒等香辛料粉,主要的作用就是给面调味。没有粉包就意味着所有的调味都要在这包高汤包里完成。结果,这个环节就出了问题。"牛静静说,"几乎每一个分公司都向我们报告,在一条生产线上生产的高汤包味道是不一样的,有的比较咸,有的比较淡。"

工业化生产的优势就是具备统一的标准,不会出现不同批次的产品口味不同的情况。可是最初的高汤包生产却连这个基本的要求都没达到。对于研发人员来说，这是个大问题。

"当时我们立刻对生产的每一个环节进行了重新梳理，仔细研究了每个节点，还算是比较顺利地发现了问题：导致高汤包风味不统一的原因是高汤包太稠了。高汤包承担了传统方便面中粉、酱合一的功能，我们最初在研发的时候只是注意了它的口味，让它完全承担得起调味的功能，可是没有注意到它的浓度。因为太稠，高汤的流动性就相应地变差了。当大批量的高汤在最后的环节被装进小小的包装里时，就会出现有时候挤得比较顺畅，有时候挤得不太顺畅的情况。这就导致有些高汤包偏稠，味道就会偏咸，另外一些则偏稀，味道自然就偏淡。"牛静静回忆道，"其实每一次在新品生产过程中，或者使用新的工艺的时候，多多少少都会遇到问题。遇到问题的时候我们也会着急，但是从另一方面讲这些问题对我们来说也是一个突破的过程，会推动我们更加严格地把控从原料到生产的各个关键点。当时为了解决高汤包风味不统一的情况，我们改变了高汤包的含水量，将它的含水量稍微提升了一点，这样就可以改善它的流动性。流动性好了，包装的时候每包均匀性就会好很多。"

然而，事情并没有想象中那么顺利，高汤的流动性虽然达到了我们的要求，但是高汤包风味不统一的问题却没有得到完全解决。白象产品研发部的同事不得不进行第二次全面梳理，他们像侦探一样，不放过任何蛛丝马迹。虽然这个过程有些困难，大家都被弄得焦头烂额，但好在他们最后还是找到了问题的根源，那就是放入高汤里的盐。

"盛放高汤的冷却罐又大又深，一个罐子的容量能有五六百千克。要把这些高汤冷却好，然后再分装完成，需要很长时间。一开始我们在高汤里放的盐是颗粒状的，在分装的过程中，颗粒状的盐会慢慢下沉。这样一来，越往后，高汤包的含盐量就越高，也就越咸。"牛静静说道，"这个过程中最难的就是发现问题，有时候就是一个非常非常小的环节出了问题，也会导致整个产品的质量出现问题。找出问题以后事情就变得比较简单了，我们把颗粒状的盐磨成粉，这样盐能够在整个汤里均匀地分布，这个问题也就一下子解决了。"

为了解决高汤包风味不统一的问题，牛静静和同事们走访了所有分公司。虽然都是一样的问题，但是不同公司因为工艺设备有差异，出现问题的原因可能不一样。他们必须进行实地走访，把每一个分公司出现问题的原因查清楚。这份谨慎的工作流程很快就被证实是非常正确的。

"我们去走访的时候发现，有一些分公司的高汤包的克重跟我们设计的不一样。我们设计的高汤包的重量原本是 25 克，但是生产出来的高汤包只有一部分是符合这个标准的，剩下的有一些只有 23 克，有一些又超过了 25 克，多的时候能达到

28克。一份高汤包分量不一样，它冲泡出来的口感肯定也不一样。"牛静静说，"这又是一个新的问题，不是高汤的流动性不好，和盐的形态也没关系，究竟是哪里出了问题呢？我们又开始和厂里的技术人员一个环节一个环节地排查。这个排查过程有时候真的是很痛苦，反反复复排查了很多遍，就是发现不了问题在哪儿。这时候我们心里肯定是着急的，但是没办法呀，只能一遍遍推倒重来。这个高汤包克重不统一的问题，到最后我们发现竟然出在了一直在使用的运输管道上，当时我们自己都觉得非常诧异，谁能想到呢！"

为什么运输管道会影响到高汤包最后的重量？因为高汤在自动灌装之前，都是通过管道来运输的。这些运输管道不是笔直的，总有需要转弯的地方，而问题就出现在这里。运输管道转弯的地方弧度并不统一，有一些是直角，有一些则是锐角或者钝角。这样一来就会出现高汤在经过管道转弯处时，因为管道弧度的原因，一部分较稠的高汤不能顺畅地被运输走，而是被管道的弯角拦截了下来。于是，分装好的高汤包就出现了浓度不一样的问题，进而导致了重量不同。比较稀的高汤包，克重会少一些；比较稠的高汤包，克重则要多一点。最终，白象的技术人员通过调整管道的角度，很快就成功地解决了这个问题，但是为了排查这个问题，他们可是费了九牛二虎之力。

老母鸡汤的高汤里不仅有汤，还有肉。这也是老母鸡汤相比之前的骨汤产品不一样的地方。它的用料更足,更能够让消费者感受到真实的食材。但是这在生产过程中又带来了新的问题。

"这些高汤是需要一个巨大的泵将它们抽到运输管道里的,接着经过管道的运输,就到了分装环节。可是这个泵是一个齿轮泵,它一工作,高汤里那些颗粒状的肉就被打碎了。这样一来,消费者肯定看不到高汤里的肉了呀。"牛静静回忆道。

原本老母鸡汤的研发还是很顺利的,有了骨汤研发的经验和技术积累,产品很快就成型了。可谁知道在后续的生产中会出现这么多问题,一个问题刚解决好就又遇到一个新问题,这给研发和生产技术人员带来了极大的挑战,这种挑战不光是技术上的,也是心理上的。时过境迁,现在再回忆起当时的情景,大家能够轻松地一笑而过,可当时每个人都承担着很大的精神压力。

经过研发人员和技术人员不断地探讨,将齿轮泵更换成凸轮泵成为这个问题的最终解决方案。设备的改造需要付出额外的时间和成本,但这是唯一的办法。只有如此,才能不让产品的质量打折扣。这是白象坚守的底线。

更换完泵之后,高汤里的肉粒能够很好地呈现出来了,但是还有一个亟待他们解决的问题。

高汤在生产完之后温度是很高的,它需要在冷却罐中冷却，然后再被分装到独立包装袋里。之前我们提到过高汤在冷却罐里储存时，颗粒状的盐分会沉淀，导致不同的高汤包口味不均匀。同样，鸡肉颗粒在高汤冷却的时候，也会出现沉淀的现象，最终造成高汤包里鸡肉含量不均匀。这时候既要保证鸡肉的颗粒感，还要解决不均匀的问题，这又该怎么办呢？白象最终还是采用了更换设备的方法，将立式的冷却罐换成了卧式的。

"在一步一步的优化改进的过程中，各个分公司把这些设备全部更换了，这最大限度地保证了我们的产品最终有一个特别稳定的质量。"牛静静说道。

2018年，"汤好喝"高汤面上市。它是白象大骨面的传承和发展，配备了用上等食材、慢火炖煮出来的更加讲究的高汤，完美地还原了人们在日常生活中在家里煲出的那一份汤。老母鸡汤口味是"汤好喝"系列中最受欢迎的一个口味，这个口味对白象来说是非常重要的资产。它开辟了一个以高汤和非高汤为分类标准的方便面市场，将方便面分成了以高汤打底的高汤面以及传统的调味方便面。整个"汤好喝"系列的研发，不光是研发出了大家很喜欢的老母鸡汤面，更重要的是它为整个行业做出的贡献，为消费者提供了真正健康营养美味的方便面。

"汤好喝"系列产品让白象再一次从行业中脱颖而出，成为高汤面品类的开创者，为白象带来了极高的赞誉。**很多人以**

为这是偶然间诞生的爆品，可只有白象人自己知道，这是他们将近 20 年实实在在做好产品的坚守，是他们经历过无数次失败，遭遇过无数困惑，仍然努力坚持才取得的成绩。对于整个行业来说，汤好喝老母鸡汤面重新定义了方便面的分类，而对于白象来说，它只是再一次印证了白象坚守的友好、负责任、实实在在的价值观如何在生产经营活动中产生巨大的力量。

坚守中国味道

用一碗健康美味的好汤来泡面，给消费者带去的是一种全新的营养滋补的体验，而给白象带来的则是在"做一碗好汤"的道路上走下去的坚定信心。

高汤不限于骨汤和鸡汤，那么高汤面也就不限于大骨面和老母鸡汤面，白象要开始打造自己的高汤家族。

研发中心的老员工马丽丽，主导了"汤好喝"系列鱼汤口味的开发工作。

"和猪骨汤或者鸡汤相比，想要做好鱼汤可能会更难。"马丽丽说，"我们印象中鱼汤是很鲜美的，不用放任何调料，只要稍微炖煮一下，就很美味了。但是仔细想想，我们感受到的美味几乎都是汤的鲜味，而不是鱼肉的风味。所以，这个产品的研发难点就在于如何体现出鱼肉的味道，这是我们重点要考虑的。"

在鱼汤的研发过程中，马丽丽和同事们也在全国各地尝了很多不同风味的鱼汤。为了研发方便，他们大致将这些鱼汤分为两大类。"一类是不辣的清汤类的鱼汤，这类鱼汤的特征主要是通过奶白色的浓汤来体现的；另一类就是辣味鱼汤，这个辣味当然分类也比较细，有麻辣的、酸辣的，它的汤更多的是通过辣味来体现。不过，不管是清汤还是辣汤，我们最终在研发的时候，都遇到了需要增加鱼味这个问题。"马丽丽说道。

白象之前对鱼汤的研发相对较少，这次也只能是摸着石头过河，一点一点去尝试。但是不管研发的思路是什么样的，有一点最基本的研发原则是不能变的：不管是用什么主材熬制的高汤包，全都得是用食材来提取味道，而不能通过工业化的添加剂来实现。真材实料是白象生产的所有产品必须遵循的标准，哪一款都不例外。因此想要为鱼汤增加鱼味，一定还要从鱼上下功夫。既然鱼味是从鱼肉上获取的，那就在汤里加入大量的鱼肉，这是最简单的思路，也是最根本的思路。于是，这个问题最终的解决办法就是将鱼肉以鱼粉的形式大量添加在鱼汤里，这样一来鱼肉的风味就很浓郁了。鱼粉要怎么制作呢？将新鲜的鱼经过蒸煮、压榨、油水分离、干燥等工艺，就可以制作成自然无添加的鱼粉，让鱼肉以不同的形态存在。鱼粉不仅保留了鱼肉的味道，也能更好地和鱼汤融合在一起，共同增加鱼汤中鱼的风味。

"骨汤生产厂商给我们提供的就是基础的鱼汤，我们在拿到鱼汤以后要再溶入鱼粉,进行调味。"马丽丽说道,"我们的鱼汤最终研发的是一款比较大众化的,简单地说就是大部分消费者都能接受的味道,是他们一喝就觉得很熟悉但又很美味的感觉。我们在研发过程中借鉴了很多款寻味之旅中尝到过的很好喝的鱼汤,去找这种感觉。其中一款就是我们在湖南喝到的。我们在寻味的时候发现了那家店,后来在研发的过程中专程又去了一次,重新去品尝,去记录汤的口味。后来等我们研发出来以后,带上我们的高汤包和面又去了那家店,一边用他们的鱼汤来泡面,一边用我们的高汤包泡面,看看我们的产品和饭店里的鱼汤之间存在哪些差异,还有哪些可以提升的地方。所以光是这一家店我们就去了三次。"

将中华饮食文化中代代相传的美味用工业化的方式复刻出来,是白象进行产品研发的原点,因此无论是鸡汤还是鱼汤,在研发的时候都不是无中生有的。研发人员需要一遍一遍地去寻找人们记忆中的、喜欢的、认可的味道,然后用工业化的方式尽可能精准地还原出来,让人们能够以非常便捷的方式享受到这些美食。于是,这才有了研发人员为一碗鱼汤,三次从郑州前往湖南一家店的经历。

鱼汤是印刻在南方人心里的汤品,而羊汤则承载了很多北方人对汤的记忆。在寒冷的冬季,喝上一碗热气腾腾的羊汤,身子顿时就会暖和起来。用羊汤来煮面,也是很多北方人的习俗，大块的羊肉，清透的羊汤，再配上筋道的面条，那醇香、滋补的体验，让人心生满足。

陕北是羊肉面最出名的地方之一，在陕北不同地方的羊肉面里又数四十里铺的最好。四十里铺是陕北榆林市绥德县下的一个镇，这里的羊肉面选用的都是陕北肥美的山羊肉。

"大概是在 2019 年 9 月的时候，我们去了榆林，当时就是为了研发羊肉汤。"牛静静回忆道，"那个地方的羊肉面馆真是遍布大街小巷，一条街上少则能有七八家，多的几十家的也有。这些店有的从吃早餐的时候就开张了，有的能一直开到吃夜宵的时间。我们每次去寻味，都想多尝几家，所以头天晚上到了榆林我们休整了一下，第二天一大早就出门去试吃了。从早餐开始，我们吃了得有十几家店，每家店的味道都不太一样，他们都会有一些自己秘制的香辛料。到了晚上回到酒店的时候，已经 9 点多了。这一整天我们都只在吃一种东西，而且在不停地吃，其实每个人的胃都感觉有些受不了。到了晚上快 11 点的时候，一位同事就感觉特别不舒服，后来还去了医院。"

寻找美味的旅途其实一点也不美好，不仅要克服舟车劳顿，还要在很短的时间内大量摄入同一种食物。这时候尝美食变成了苦差事，可这就是白象产品研发人员的工作之一，他们不仅要仔细地吃，还要做好各种记录，以便为接下来的产品研发打好基础。

"'汤好喝'产品里的很多口味在方便面行业其实都是我们首创的,就像羊肉汤的口味。当然,之前的猪骨汤、老母鸡汤也是我们最早做的。为什么我们能够做口味的开拓者和引领者,我觉得其实就是我们走市场,去用心地观察老百姓的生活的结果。这些口味都不是我们自创的,我们只是把它们做了一个还原,它们都是老百姓能够在家里或者餐厅里吃到的东西。当然,我们之所以能够洞察到这些需求,再用工业化的方法将它们做成速食,最重要的原因还是白象一直在坚守中国味道。"白象产品中心产品一部总监顾清说,"'汤好喝'围绕鸡、猪、牛、羊、鱼这五大主材来进行高汤的开发,这些食材都是我们平时最常见的,但是怎么把它们用在汤里,能用它们煲什么样的汤消费者才能喜欢,这就需要我们去深入地挖掘中华饮食的文化,去了解大家的需求。除了大家现在比较熟悉的猪骨汤、老母鸡汤,我们生产或者储备的辣牛肉汤、番茄牛腩、兰州牛肉汤、酸菜鱼汤、金汤肥牛等,都是很经典的中国味道。而所有这些口味的开发过程都是一样的,都要真正地到各地去寻找最正宗的、最具代表性的风味。"

踏踏实实地把泡面的汤做好,是白象对于中国味道坚守的一个缩影,但是这条路并不好走。其间,白象经历过很多次失败,很多耗费了很大的力气研发出来的产品并没有达到预期的效果。就连引发行业关注的"汤好喝"系列,它的销售也不是一帆风顺的。事实上,"汤好喝"从2018年上市以后,虽然得到了很多消费者的喜欢,但是一直到2020年,整个系列的销售量都不是非常亮眼,没有实现预想中的目标。然而,这都没有动摇白象在做好一碗汤这条道路上的坚持。在白象集团董事长姚忠良看来,**只要方向是对的,就要一直做下去,要踏踏实实把产品做好,慢一点没关系,利润少一点也没关系。**

"在'汤好喝'老母鸡汤面上市之后,我们还是在不断地研发新的高汤口味,同时也在对已经生产的产品进行升级。"顾清说道,"一直到2022年,汤好喝的销售量才有了一个特别大的突破,和之前的年销量相比翻了5倍。之所以会有这样的爆发,并不是我们额外做了多少工作,而是缘于白象这么多年来的坚持。不管遇到什么困难,白象这些年一直都没有放弃认认真真地做汤这件事情,这是一个量变引起质变的结果。"

2024年1月,"汤好喝2.0"产品发布,这是自2018年"汤好喝"上市以来,白象对这一产品进行的一次大升级。

"其实从'汤好喝'刚上市,我们就开始做消费者调研了,这个调研持续了好几年的时间,调研人群包括喜欢吃高汤面的消费者,以及曾经喜欢吃方便面后来却不再吃方便面的人群。通过调研,我们想去了解消费者对于方便面产品真正的需求和顾虑。"就职于白象产品中心产品一部的张彦梧参与了这次产品升级的全过程,"在对消费者的深入访谈中,我们发现这几年市场的一个最大的改变是，消费者对方便面产品的健康化提出了很大的需求，特别是在疫情防控过后，这一点尤其凸显了出来。这个健康化是一个很大的概念，消费者对产品的方方面面都有要求，比方说，能不能让产品的营养更加均衡一些，能否提供有肉有菜荤素搭配的产品；配料里的各种添加剂能不能更少一些；热量能不能更低一点等。这些都是消费者非常看重的。很多消费者自己在单身的时候是吃方便面的，但是有了孩子之后就不吃了，也不太想让孩子吃，也是考虑到方便面健康、营养的问题。所以这是我们在产品升级时考虑的最重要的一点。其次，产品升级还有一个非常直接的目的，就是我们对产品的口味提出了更高的要求，希望在升级的产品中，让高汤的口味做得更好一些。最后，我们想让高汤面真正地为消费者提供一顿正餐，而不再是临时填饱肚子的代餐，让它从功能上发生变化。从代餐到正餐，不光是理念的问题，更重要的是产品在健康、营养、口味上都能够匹配得了才行。"

2022年，白象启动了更大规模的全国寻味之旅。研发人员分成五组，北至新疆，南至广东，去寻找全国各地独具特色的、适合开发成速食产品的菜和面。这次寻味之旅不是为哪一款产品而开展的，是白象研发部门对所有已上市产品和储备产品进行的一次"大体检"。当然，它也势必会为"汤好喝"的升级提供很多支持和帮助。

除了不断地在全国各地去寻找好的原型之外，请厨艺大师指导大家还原原型也很重要。"在'汤好喝'产品之前，白象已经在用这样的方法研发产品了，'汤好喝'当然也不例外。但是值得一提的是，在'汤好喝'上市以后，这两项工作还在继续。哪怕是最受大家欢迎的老母鸡汤面也是一样的，大家还在不停地到市场寻找更好的鸡汤，能够让产品的口味再上一个台阶。同时，他们也在邀请不同菜系的大厨，针对同一个口味用不同的烹饪工艺进行还原。比如老母鸡汤，粤菜的厨师和鲁菜的厨师烹制的方法肯定不同。

"我们的产品研发实验室，就是通过这样的工作不断地试验，然后博采众长，把好的地方综合起来，运用到我们的研发中，精心打磨一款产品，让它变得越来越好。"牛静静说道。

这个外人看起来也许十分笨拙的方法，却是白象产品品质不断提升的灵丹妙药。这也正应了姚忠良董事长常常说的那句话，"慢一点没关系，利润低一点没关系，坚持做正确的事就行"，他们不怕不快，只怕不好。

"汤好喝2.0"看起来和最初的"汤好喝"有很大的区别，桶装面由圆筒改成了方盒，袋装面的袋子也更像一份正餐的包装，而不像方便面。然而包装的改变并不是汤好喝产品升级的本质，"汤好喝2.0"最大的不同是整个产品的品质上了一个大台阶。

"在升级版中，我们推出了山菌老母鸡汤面，这是在初代'汤好喝'产品老母鸡汤面基础上进行的迭代。老母鸡汤的主体风味是保持不变的，但是在自然度、鲜美度和健康食材的添加上，进行了很大的升级。"牛静静说道，"升级以后的产品在家庭化的还原度上比之前更好了，这碗鸡汤跟我们家里现炖的鸡汤喝起来的口感、味道都是一样的。当然，在原先老母鸡汤的基础上，我们还添加了珍贵的菌菇，这些食材让老母鸡汤的口味更加丰富，鲜味更加浓郁，在整个风味上比之前更立体。"

工业化的还原与家庭制作的美食味道越来越相像，这是研发与生产技术共同提升的结果。"我们在骨汤的研发上是有很大的技术优势的，这一次产品升级也是我们的研发人员和骨汤供应商不断地进行再研发的结果，不论是在产品风味还是生产技术上也都有了很大的提升。现在我们的老母鸡汤，几乎喝不出来和家里炖的鸡汤有什么区别。这听起来好像很简单，但是要用工业化的手段来实现这个目标，还是有很大的挑战的。这是'汤好喝 2.0'做出的一个比较大的突破。"张彦梧说道。

"汤好喝 2.0"的品质升级除了体现在风味上，还在营养化上做了很多努力。"传统的方便面配菜使用的都是脱水技术，蔬菜在脱水以后不管是营养物质还是口感，都会有很大程度的损失。而且在冲泡的时候，这些蔬菜也需要泡很长时间才能食用。但是在'汤好喝 2.0'产品中，我们的蔬菜利用了非常先进的冻干技术。冻干的蔬菜在复水以后，口感是非常接近新鲜的蔬菜的，而且它的营养成分是能在最大程度上得以保留的，这给消费者提供了更丰富的营养。"张彦梧说，"在'汤好喝2.0'的山菌老母鸡汤面里，我们用这样的技术保存了鸡肉丝、菌菇；在白玉萝卜牛肉汤面中，萝卜、牛肉也是这样保存的。经过冲泡以后，它们的口感都非常新鲜。"

在口味、健康和营养等方面实现了品质跨越的"汤好喝2.0"，具备了从代餐转变为正餐的可能性。而为了让它的正餐感更强，"汤好喝2.0"在面条上也做出了很大的创新，从传统的卷曲的方便面变成了直条面体。

"怎么能够去打造出来一款更接近家里煮出来的面条，除了口味，面条也很关键。我们最终选择的是直条面体，它不管是泡完还是煮完，都是家里现烹面的感觉。"张彦梧说，"当然，面体的改变并没有影响到它的方便性。它还是像传统的方便面一样能够在三四分钟内就泡好或者煮好，这也是我们在技术上的一大创新。"

与传统的卷曲的方便面有极大差异的直条面体，在生产上需要独特的技术来做支撑。

"传统的方便面的面体之所以都是卷曲的，是因为这样可以增加面条与面条之间的空隙，能够很好地防止面条粘连在一起。而改成直条面体以后，我们要克服的最大困难就是防止这些面条粘在一块。这需要我们在制面的设备上、工艺上都要进行很大的改动才行。"白象方便面研发部制面研发组组长李芳说道。

2018年，白象已经取得了直条面体的专利。但是直到2024年才真正运用到产品上。这6年时间，白象一直在不断地研发调试，解决好生产中每一个环节出现的问题。在整个生产过程都理顺、产品品质非常好的状况下，最终才将这款创新的面体推向市场。

"汤好喝2.0"目前只推出了山菌老母鸡汤和白玉萝卜牛肉两个口味，这是非常谨慎的动作。而在这两个口味正式推向市场之前，白象产品部的工作人员还在全国12个城市找了3600多人进行了两轮详细的测试和访谈，然后按照消费者的反馈又对产品进行了优化，最终才让产品正式与消费者见面。

"'汤好喝2.0'后续肯定还有很多口味，我们研发储备的口味其实已经非常多了，但是我们不着急把它们推出来。我们要把每一个口味都打磨得非常到位，一方面要得到我们内部研发、产品销售等多部门的认可，我们自己的这条高标准要达到；另一方面产品还需要在全国大范围的消费者测试中得到大家的认可。我们还是要一步一步踏踏实实地走，在研发上、品质上下足功夫，不能说这款产品很受欢迎，我们就马上推出很多口味。"张彦梧说道。

2022年8月至2023年7月，在国内方便面市场各品牌全网销售总额中，白象位居第一。而其中，"汤好喝"系列产品做出了很大贡献。

作为高汤面的缔造者，白象见证了这一品类在行业内的飞速发展。2022年，中国方便面汤面品类同比2021年销售额增长8.2%，而高汤面销售额增速达60%。这是消费者的高需求与行业的品质提升共同带来的结果。在做好一碗汤上已经坚守了20多年的白象，对于高汤面品质的追求不会止步于"汤好喝2.0"。很快"汤好喝3.0"的产品也会推向市场，那时候，"汤好喝"产品的品质又会跨越一个更高的台阶。

第二章

还原
最地道的辣

"
灵感就隐藏在消费者的生活中,
我们要做的就是要和消费者站在一起。"

走，买辣椒去

2024年2月27日，刚过完元宵节，河南省商丘市柘城县凤凰街道就已经热闹了起来。这是2024年柘城辣椒大市场开市的第一天，天还未亮，市场上就已经人头攒动。产自全国各地的不同品种的辣椒被整齐地陈列在各个商铺里，辣椒商和辣椒经纪人忙碌地在商铺间穿梭，希望挑选到心仪的辣椒。他们选好的辣椒不仅会被送往全国各地，甚至还会漂洋过海，去往全世界。在辣椒种植面积常年稳定在40万亩，年产干椒12万吨，20万人忙碌在辣椒产业链上的柘城，"全国辣椒进柘城，柘城辣椒卖全球"可不只是一句口号。

白象供应链中心采购部的高级经理李鹏辉和同事们是柘城辣椒大市场的常客。虽然他们早在2023年11月就做完了第二年一整年的辣椒采购计划，并且和供应商提前锁定了订单，但是辣椒市场他们还是会常常光顾，因为他们需要收集市场信息。不同的辣椒在市场交易环节中的价格是多少，市场中什么样的辣椒销量最好，有什么新的辣椒品种入市……这些一手信息会帮助他们更顺利地进行市场预判。不仅如此，在每年的辣椒产季，他们还会去新疆、陕西等不同辣椒品种的生产基地，实际走访种植区域，观察种植规模的变化，这对他们做好第二年的采购计划有很大的帮助。

辣椒是李鹏辉和同事们重点采购的原材料之一，而这些辣椒大部分都将进入"大辣娇"系列产品中。"大辣娇"是白象在辣味产品赛道上专门做的一个独立的子品牌，是以做出中国最地道的辣面为目标而设立的。显而易见，"大辣娇"是"做一碗中国好面"这一集团战略的重要组成部分。之所以将辣味面独立出来，成为一个独特的家族，这不仅仅是因为喜欢吃辣的人群众多，更重要的是它彰显了白象想要认认真真地将辣面做好的态度，他们希望在研发、生产上下足功夫，做出中国最地道的辣面。

一碗美味的辣面，辣椒是重中之重。然而不论是哪一款产品，在进入研发阶段之初，确定选择什么样的辣椒都会成为摆在白象研发和采购人员面前的最大的挑战。辣椒的品种繁多，光是国内广泛种植的就超过了100种，如果再加上世界上其他国家的辣椒，那数量简直数不胜数。不同的辣椒虽然都具备辣的特质，但是它们在辣度、香味、质地上都不一样，自然应用场景也不同。所以能选出一款合适的辣椒，就会成为一款辣面成功的关键。

"选什么辣椒最核心的依据就是产品的风味。不同地域风格的辣面,对于辣椒的需求肯定是不一样的。所以我们在研发的时候最重要的工作之一就是捕捉我们想要还原的这道菜品最核心和关键的风味,然后从风味上去破解它的原料密码。那么对于辣味菜来说,辣椒自然就是其中最重要的密码之一。只有牢牢地把控了这一点,才有可能地道地还原出这种美食。"在白象产品研发中心方便面研发部深耕多年的调理研发专员张永帅说道,"当然我们还要考虑产品的消费群体,不同的消费群体对辣的接受程度也不一样,这也会影响辣椒的选择。所以每研发一款辣味产品,我们花在辣椒选择上的时间是非常多的,它会受到很多因素的影响。"

柘城辣椒交易市场是全国最大的辣椒交易中心,有着大大小小的商户,但是白象的采购人员并不会从交易市场直接采购辣椒,也不会直接从椒农那里购买。

"辣椒属于农副产品,它的前端管理是比较复杂的。农户在辣椒的前期处理、品质把控方面都没有过硬的基础硬件和系统的作业流程。所以,为了保证采购的辣椒在安全和品质上都能达到很高的要求,我们会选择跟规模型的生产商及贸易商合作,而不是直接跟椒农采购。这些供应商有基地种植的能力,可以对辣椒的育种、种植以及生长收获的全过程进行把控,同时他们还拥有强大的加工能力。这样我们采购的原料在安全和品质上都是非常有保障的。"李鹏辉介绍道,"当然,我们对这些供应商还会进行严格的监管,以确保辣椒的品质。在供应商将辣椒采购回来之后,我们的采购部门和品保部门都会派驻工作人员到现场进行严格的验收,最终验收合格的辣椒才会进入我们的原料仓。"

和其他农作物相比,辣椒显得相当金贵,既不耐旱,也不耐涝。因此天气对于辣椒的影响非常大。2022年,国内几大辣椒主产区由于先后受到高温和暴雨的袭击,导致辣椒大面积减产。辣椒市场供需失衡,直接拉升了辣椒的价格。2022年辣椒的整体价格攀升到了历史最高位。

"这样的情况是我们在采购农副产品时不可预料的,也是我们常常会遇到的挑战之一。这就需要我们在平时多深入辣椒市场、辣椒产地,多参加行业会议,通过不同的渠道及时地掌握第一手资料,以提早做出预判,调整我们的采购政策。"李鹏辉说道,"所以平时多花精力去市场一线、辣椒产地,都是非常必要的。2022年虽然辣椒价格上涨了不少,但是因为我们提早做了准备,在最终的生产中并没有给我们带来太大的影响。"

按照地域特色来选择辣椒,是能够地道还原中国不同地域辣味的关键因素。而辣椒的品种应用得越多,就意味着白象需要去寻找越多的供应商。

"有时候，我们会用到一些比较小众的辣椒品种，在行业内这些辣椒在之前都没有大规模地被使用过，因此对这种辣椒进行初加工的企业很多还停留在传统的手工作坊的方式。那这显然是不符合我们工业化生产的需求的，一方面是生产效率达不到我们的要求，另一方面也是更重要的一点，因为加工设备的不同，在实际生产过程中，热量的变化、研磨的粗细度等都会对辣椒的滋味和香气产生很大的影响，最终也会导致辣椒整体风味的损失度增加。那这样一来肯定就会直接影响到我们最后配在面里的调味包。"李鹏辉说道，"遇到这样的情况，我们不仅要去寻找符合要求的辣椒生产基地，还要找到适合加工这种辣椒的供应商。然后白象的研发人员会和供应商的技术人员一起探讨，开发一些专属的工艺，最终支撑我们更顺利地向工业化应用方面进行转化。"

大部分"大辣娇"产品需要的辣椒都是干辣椒，但是也有一些产品需要的是新鲜的辣椒。比如，"大辣娇"拌面系列中有一款辣椒炒肉拌面，它就必须用到新鲜的螺丝椒。

辣椒炒肉是湖南的一道名菜，主材就是螺丝椒和五花肉片，咸香鲜辣，非常下饭。当时为了寻找这道菜品的原型，白象的研发团队吃遍了湖南长沙大大小小的餐馆，花费了很长时间去体会这道菜品的精髓。这为他们最终用螺丝椒和肉片进行酱料的炒制工作提供了关键信息。辣椒炒肉在风味的呈现上最核心的原料就是螺丝椒，因此在制作这款拌面的时候，新鲜的螺丝椒不仅被用作酱料的制作，还有一部分通过冻干技术配置到了蔬菜包里。当冻干的螺丝椒重新复水以后，新鲜的辣味立刻就被释放了出来，对于这款拌面来说可以起到画龙点睛的作用。

相对于干辣椒来说，新鲜的辣椒在采购时要更多地考虑到市场的波动，在食材的保鲜上也比干辣椒更复杂，给采购人员带来的挑战也更大。但是对于白象来说，他们必须克服这些困难，因为在关键原料的选择上，只有遵循地域特色才能还原出最地道的风味，这一点是没有改变的余地的。

辣椒是我们在餐桌上最常见的调味料，买辣椒在我们的生活中也是一件极普通的小事。然而在白象内部，这却是一件严谨而复杂的大事。中国地大物博，不同地域有着完全不一样的辣，酸辣、甜辣、麻辣、香辣……想要精准地还原出这些独具特色的辣，并将它们完美地融入面条中，白象必须在买辣椒这件事情上投入更多的精力，努力去寻找那一款最合适的辣椒。

破解"大辣娇"的密码

辣和不辣，是我们在日常的餐饮中最喜欢的两种分类方式，也代表了人们最常见的两种饮食习惯。"大辣娇"就是白象根据"辣与不辣"这样最便捷的饮食分类方法所创立的。在2006年，这是一个非常超前的概念。

"当时市场上方便面的口味远不如今天这样丰富，辣味型的方便面虽然已经有了，但是它们散落在各个系列的产品中。就比如香辣牛肉面，它是隶属于牛肉面系列的。在这个产品系列中，牛肉面是最核心的要素，而香辣只是一个口味，就如同红烧一样。"白象产品中心产品三部总监刘劲松说道。

在2006年，白象洞察到了方便面市场中这一分类的缺失，他们从消费者最日常的饮食习惯出发，希望为数量众多的喜爱吃辣的消费者专门研发一些产品，将各式各样的辣味面囊括其中。"辣"第一次成为一个产品系列中最重要的关键词。

"从2006年到2011年，我们做的基本上还是传统产品，比如，市场上比较流行的泡椒牛肉面、香辣牛肉面等。虽然我们创立了一个独立的辣味品牌，但是在这个品牌下面应该做什么样的产品，我们的想法还不是非常成熟。所以当时我们只是把所有和辣有关的产品都放在了这个系列中，方便消费者选择。"白象产品中心产品二部副总监王玲玉说道。

"在我们的传统印象中，川菜和湘菜是餐饮中最具代表性的两大'辣'，所以一开始我们在研发产品的时候也都是朝着川渝特色或者湖南特色的方向来做的。像香辣牛肉面、泡椒牛肉面中体现的香辣、泡椒这样的特色，呈现的就是这两个地方的风味。"白象研发中心方便面研发部调理研发专员李国海说，"但当时我们的研发还没有太多的独创性，主要的产品都是在对标市场上已经比较成熟的辣味方便面。"

在这一阶段，"大辣娇"和市场上传统产品之间的差异化并不大，但是因为其独具特色的分类方法，还是在很多消费者心中留下了深刻的印象，尤其是在更喜爱吃辣的南方。

"当时'大辣娇'在南方受到了很多消费者的欢迎。我们一边销售一边收集消费者对产品的反馈，为我们今后的研发做准备。在这个过程中我们发现了一个特别有意思的现象。很多南方城市的生活节奏比北方快，在选择速食产品的时候，他们不像北方人那样喜欢买袋装的面煮着吃，他们更喜欢桶面，因为泡着吃会更加节省时间。"刘劲松说道。

于是，从 2012 年到 2016 年这几年间，"大辣娇"系列将产品重点放在了更加适合年轻人吃的桶面上，当时桶面的生产量占了"大辣娇"全系列的 70% 左右。

这些举措的确为"大辣娇"的销量做出了不小的贡献，但是白象知道这些形式上的改变对于"大辣娇"来说都不是最重要的，他们真正看重的是"大辣娇"自己的产品特色。

"大辣娇"究竟应该成为谁？十年来白象一直在思考这个问题。他们一边研发传统的辣味产品一边不断地进行各种尝试，但是始终没有得到一个明确的答案。直到 2017 年，火爆韩国的火鸡面才帮他们找到了破局的钥匙。

其实在 2017 年之前的几年里，以"爆辣"口感著称的火鸡面就已经非常流行了。当时全球各地的消费者都加入了各式各样的火鸡面挑战赛里，大家在不喝水和饮料的情况下，比赛谁能最快吃完火鸡面。这些比赛一度在互联网上非常火爆。

"看到火鸡面那么流行，我们也想做一款这样的产品。但是当时的火鸡面是韩国生产的，口味上其实更适合韩国人。"调理研发专员张永帅说道，"所以我们就想能不能借着火鸡面流行的这个大趋势，研发一款适合中国人吃的火鸡面，这样在后续销售起来可能会更加顺利。"

这个本能的想法最终成了破解"大辣娇"辣味的关键密码，寻找属于中国人自己的辣将成为"大辣娇"的使命。

做中国地道的辣面

想要研发更适合中国人吃的火鸡面,找到最合适的辣椒是关键。

"这种爆辣的口感在度上是比较难把握的。我们选择的辣椒,它既要够辣,但同时这个辣度也必须是人们能够接受的,吃起来没有太大的负担的。"调理研发专员张永帅说,"为了找到一款合适的辣椒,我们当时从全国各地找来了数不清的品种,不断地去试验、品尝,但是一直没找到特别合适的。有些辣椒的辣度能达到,可是那种辣表现出来的口感又不符合火鸡面的风味,或者吃完之后人们的感受很不好,会觉得胃不舒服,这样的辣椒都不合适。"

"为火鸡面寻找辣椒的这个过程真的是挺曲折的,我们采购的辣椒品种非常多,但是经过研发中心的试验之后就全都被否决了。"负责辣椒采购的白象供应链中心采购部高级经理李鹏辉说道,"后来没办法,我们就把目光转向了国外,国外其实也有很多特别好的辣椒品种，但是之前我们都没有使用过。"

这看似无奈的举动，没想到最后居然成功了。李鹏辉和同事们采购了一种印度辣椒，不论是在辣度还是口感上，都符合研发人员的预期，兼具了辣度和舒适感的要求。韩国生产的火鸡面在辣的口感上虽然强调甜辣味，但是整体而言还是以爆辣的口感为主。而白象想要将甜辣的风格更加凸显出来，这样的口感更适合中国人的饮食习惯。

"我们在研发中更多的是在平衡甜与辣的感觉，怎么样让甜和辣能够很好地结合在一起，让消费者吃起来能感觉很辣，但是这种辣是舒服的辣，是辣而不燥的感觉。想要达到这样的目标，就需要甜的口感来进行平衡。"张永帅说道，"研发的过程还是有很大的难度的，因为它不像我们做别的产品是有原型可以参考的。比方说，我们在研发辣椒炒肉这款拌面的时候，会清晰地知道最终我们要把这款产品打造成什么样子，因为我们在餐厅里能够吃到，但是我们要做的适合中国人吃的火鸡面是没有固定原型的，我们只能反复地试验，看看消费者究竟能接受什么样的口味，这个面辣要辣到什么程度，甜要甜到什么程度。"

这个试验的过程持续了很长时间。它不光需要辣和甜两种口感的配比，还需要各种香辛料的搭配。要呈现辣，不是单纯地放很多辣椒就能够呈现出辣，而是需要不同的调味料的综合作用,这样才能达到一个很好的口感。在最终版的火鸡面的底酱炒制过程中,研发人员还加入了老母鸡汤。"它一方面能够很好地中和这个辣味,一方面在加入鸡汤以后底酱的整体口感会更符合中国人的饮食习惯。最终我们认为这个底酱的调制还是非常成功的,它的味道很独特,既保留了火鸡面独有的口感,同时也有属于我们自己的味道。"张永帅说。

这款具有中国特色的火鸡面被起名为"经典火鸡拌面",在推向市场后不久,就受到了很多消费者的喜欢。而"大辣娇"系列也正是从经典火鸡拌面开始,找到了自己的辣味密码。随后,白象开始尝试将中国不同地域特色的辣和火鸡面进行融合。

"经典火鸡拌面是在韩国口味上做了升级,在风味上加入了很多中国的元素。这款产品其实给了我们很多启发,所以后来我们就开始设计更加具有中国地域特色的火鸡面。"白象产品中心产品二部副总监王玲玉说。

"我们当时想设计一款酸辣火鸡拌面。酸辣其实是一个很大的味型,能够细分出来很多不同的类型。比如,陈醋类的酸辣,像在西北地区我们常常能吃到的酸汤扯面;发酵类的酸辣,通常是依靠泡椒来呈现的;还有非常特别的云贵地区的酸辣,它是通过这一地域特有的食材来呈现的。所以我们在考虑做酸辣火鸡面的时候,就开始认真地考虑我们要做哪一个地域的酸辣，做哪一种类型的酸辣。其实，从那时候起，我们就开始认真地研究每一个地域的辣。"白象产品中心产品三部总监刘劲松说道，"那说到酸辣火鸡面的研发，我们通过对众多原型的品尝和甄选，最终决定开发基于贵州特色酸汤的一款酸辣火鸡面。"

贵州特色的酸辣之所以非常特别，是因为它含有一种独具地域特色的食材——木姜子，这是贵州酸汤风味的灵魂。而木姜子的选择和处理，也决定着白象最终是否能够成功地还原出这道美食。

"为了能地道地将这个风味表现出来，我们请了贵州菜系的大厨，帮助我们做贵州酸汤的原型。在大厨做菜的过程中，我们关注的不仅是如何制作这道菜，更重要的是要深刻地了解如何去选择木姜子，如何处理木姜子，影响木姜子风味的最关键的因素是什么，以及在工业化还原的过程中有哪些是需要特别注意的地方。因为要进行工业化的还原，原料的风味一定会有一些损失，但是我们要做的就是想办法把这个损失降到最低。"李黎霞说道。李黎霞目前是白象研发中心日韩研究所总监，但"大辣娇"是她过去很长一段时间的工作重点。

"抓住了这道菜最关键的原料之后，我们研发的重点就放在了怎么样把这个原型做得非常好。只有原型能够被地道地还原出来，再去结合火鸡面的时候，才有可能把整个产品做好。"

张永帅说,"但是别忘了火鸡面是有很强烈的自己的风味的,怎样去让酸辣火鸡面在贵州的酸辣和火鸡面结合后的甜辣、爆辣之间找到很好的平衡点,怎么样能够将两者完美地匹配起来,是最具挑战性的地方。在开发的过程中,我们不断地寻找消费者去测试,通过众多消费者的反馈来判断我们应该将酸辣和爆辣结合到什么状态。"

这样的消费者测试一般会先从集团内部开始。

"首先我们产品部和研发部的同事要先进行几轮品鉴。第一要闻它的香气,看看香味是不是很舒适,菜品原型独特的味道有没有呈现出来,我们要和餐厅里尝到的、大厨做出来的菜品进行对标。其次我们要尝面,判断它初入口的感觉,在嘴里的感觉,吃完之后的感觉,这些都有固定的标准。有些产品因为底酱调制得不够好,入口的那个辣感就会非常呛,尤其是在品鉴汤面的时候这个感觉就会更明显。最后,当然还有对面体本身的考察,比如,面够不够筋道、挂汁的能力强不强等。"王玲玉说道。

此后,研发人员会在集团内部寻找18—25岁的同事再做几轮内部测试。当产品在内部测试中获得认可后,就开始进行外部测试。通常这个测试会通过第三方公司或者白象的粉丝群等方式,在全国不同地域寻找一定数量、特定年龄层的人来进行测试。测试的结果会对产品的升级改造产生非常重要的影响。

"做一款产品真的非常不容易,从前期的规划,到研发过程中不断地解决各种问题,再到产品雏形出来后,对消费者进行一轮又一轮的调研,最后再依据调研结果对产品进行一点一点的改进。经过这个漫长的过程以后,产品才能被推向市场。"李黎霞说道。

白象将火鸡面和中国地域特色结合的产品称为中式火鸡面,这一系列不仅有贵州酸辣口味,还有新疆烧烤风味、湘辣擂椒风味。他们甚至将火鸡面和中国地域特色小吃结合在一起,开发出了臭豆腐火鸡拌面、咸蛋黄火鸡拌面等,真正将火鸡面做出了中国特色。

灵感就隐藏在消费者的生活中

火鸡面的上市,提高了"大辣娇"品牌在消费者心中的地位,也让白象坚定了"寻找中国人自己的辣"的初心。那么这个辣要去哪里找呢?白象推出的麻辣小龙虾拌面给出了答案。

"麻辣小龙虾拌面是完全来源于消费者生活的一款产品。我们当年设计产品的灵感就来源于夏季火热的大排档。一到夏天,各式大排档中都会有一款备受欢迎的菜品,那就是麻辣小龙虾。这道菜可以说是国民夜宵,只要喜欢吃辣的人,没有多少人能拒绝它的美味。所以当时我们就想,怎么样把这道好吃的美食嫁接到我们的方便面里呢?麻辣小龙虾拌面就这样应运而生了,它是我们细心观察消费者生活的结果。"白象产品中心产品三部总监刘劲松说道,"为了能够将麻辣小龙虾的味道还原得更地道,研发中心和产品销售部的同事不知道尝了多少小龙虾。虽然麻辣小龙虾很常见,可是每一家餐厅做出来的味道都不太一样。不管是从麻、辣、鲜、香哪个角度去品评,都有细微的差异。所以当时我们只能是反复品尝,去体会这些细微差异给我们带来的不同感受。最终我们要做出一款在麻、辣、鲜、香几个方面都能够保持很好的平衡状态,还能够和面极好地融合在一起的产品。"

麻辣小龙虾拌面除了麻辣的呈现,还有另外一个难点就是要充分地体现出小龙虾的风味。

"我们不光要把小龙虾肉打成肉酱,进行底料的炒制,还要把一部分小龙虾肉风干,磨成粉,制作成小龙虾粉添加到酱中,这样才能最大程度地呈现出小龙虾的风味。"调理研发专员张永帅说道,"因为小龙虾有固定的产季,所以我们必须在产季把一年所需要的小龙虾都采购好,然后再将这些小龙虾进行急速锁鲜,以备生产时用。这给小龙虾的采购和储存都带来了不小的挑战。"

"麻辣小龙虾拌面推向市场后,我们没有在它的销售推广上投入任何资源,但是它靠着产品自身的驱动力,已经成为'大辣娇'系列里最畅销的产品之一。"刘劲松说道,"这款产品的成功告诉我们,**产品设计最大的灵感来源于消费者的日常饮食习惯和消费行为,我们要做的就是要和消费者站在一起,而不是闭门造车。**只有观察到消费者的喜好,才能按照消费者的需求生产出好的产品。"

在"大辣娇"系列中,像麻辣小龙虾拌面这样从消费者的饮食习惯出发，设计并生产的产品还有很多，其中最典型的代表就是火锅面。

火锅不仅是一种烹饪方式，也是一种饮食文化。它是中国独创的美食之一，老少皆宜。在吃火锅的时候，不论大家喜欢涮什么样的菜品，在最后通常都会以煮一份面条来结束这美味的一餐。火锅煮面是深受大众喜爱的饮食方式，也符合众多消费者的饮食习惯，而白象正是洞察到了消费者在生活中的这个需求，才有了研发火锅面的灵感。他们希望通过这个产品真实地还原火锅煮面的场景。

"我们最早是在 2018 年推出的火锅面。当时是根据我们在吃火锅时喜欢涮的一些菜品来制定的火锅面口味，其中有藤椒牛肉味、麻辣丸子味等。我们设计产品的初衷其实从开始到现在一直没有变，就是希望让消费者即便是在吃方便面这样的速食产品时，也能享用到火锅的美味，体验到吃火锅的乐趣。"白象产品中心产品二部副总监王玲玉说道，"因为通常情况下火锅都是一群人在一起享用的美食，一个人是不会去吃的。那如果正好今天家里没有人陪我们吃火锅，自己又非常想念那个味道怎么办呢？速食火锅面在这时候就成了非常好的选择。我们不用花时间，不用出门，就能解馋。"

火锅面是白象的首创，在此之前方便面行业内是没有出现过这样的产品的。白象对火锅面倾注了很大的期望，毕竟火锅在餐饮市场上的受欢迎程度是非常高的。然而在2018年白象第一批火锅面推向市场后,并没有获得预期的效果。

"当时火锅面的销量一直没有提升起来,后来我们在分析总结这个问题的时候认为,这一方面是因为白象的消费群体和我们主打的这个概念有些不匹配。当时白象的主流消费人群在三四线城市,他们要接受这个创新型的产品是需要一定的时间的。另一方面我们在产品的设计上其实存在不少问题,火锅面的口味分类并没有很好地凸显出火锅的感觉。"王玲玉说道。

即便火锅面最初在市场上的表现并不亮眼,但是白象对于这一独创的赛道依旧保持了高度的自信。在随后的几年中,他们反复地思考产品的表现形式,以及产品和消费者之间能够更好地适配的方法。在经过三次产品迭代后,白象于2023年推出了最新一季的火锅面。这一系列的火锅面只有三个口味,分别是牛油麻辣、清油麻辣和酸辣番茄。

"这次我们产品的口味终于非常清晰了,它不是按照火锅菜品分类的,而是非常明确的火锅口味。其中牛油麻辣、清油麻辣都是四川火锅中最常见的堂食口味,而酸辣番茄则是在全国不同地域的火锅中都有认知度的口味。"王玲玉说道,"过去,我们的火锅面只能说是和火锅沾边儿,我们主打火锅面的概念,但是在产品中体现得不充分。而现在这些口味非常具象化,对于消费者来说我们不需要再进一步解释了,它看起来就一定是火锅面。除了口味的升级,我们在产品的配置上也进行了升级。原先的火锅面不论是料包还是配菜和我们在餐厅中吃的火锅还是有比较大的差距的,但是升级以后,火锅面的料包的口味就是火锅底料的口味,用它来泡面和我们在餐厅里吃火锅煮面的口感是一样的。同时,我们的配菜也更加丰富了,虽然主料是面,但配菜的搭配也让消费者感觉更像在吃火锅。这是最重要的两点。"

"当时我们在四川、重庆跑了将近两个月,去不同的餐厅品尝不同的火锅底料,后来还在上海、郑州等一些一二线城市品尝了很多融合火锅,整个过程就是在研究火锅底料的精髓,这也是我们升级版火锅面最核心的部分。"张永帅说道,"当时就感觉这一辈子的火锅可能在那两个月的时间里都吃完了,我们真是天天吃顿顿吃,好在最终我们找到了预想中的那个非常理想的味道。"

升级版的火锅面一上市,便成为"大辣娇"系列中一个非常重要的新的增长点,这也是白象深入洞察消费者的需求所做的一款创新产品,它大大拓展了"大辣娇"系列辣的边界,将一种非常重要的餐饮方式带入了方便面领域。

火锅面是"大辣娇"系列中的汤面的代表,而火鸡面、麻辣小龙虾拌面则是拌面的代表,两者共同构成了"大辣娇"系列的双元驱动,也构成了一条完整的季节曲线闭环。在寒冷的冬季，大家可以吃热腾腾的火锅面；在炎热的夏季，来一碗火鸡面或者麻辣小龙虾拌面。相对于很多传统产品而言，"大辣娇"系列在包容性上表现得更为出色。

一截不寻常的辣椒段

在从堂食到工业化的还原过程中，对于"大辣娇"这一系列产品来说，最大的挑战一个是辣椒的选择，另一个则是辣椒的处理，它直接关系到不同地域的辣味能否被地道地呈现出来。

"辣椒的处理听起来很简单，通常情况下我们都会通过磨碎、风干或者油泼这几种常见的方式来处理。但实际上在工业转化的过程中，还是会遇到很多问题。比如，我们需要考虑怎么样能让辣椒处理的自动化程度更高，让辣椒的风味释放得更好，让辣椒的风味和辣度的损失达到最小化。为了解决这些问题，我们在工艺上其实做了很多创新。"调理研发专员张永帅说道，"很多时候这些创新都需要关注到非常小的细节，比方说，我们要将辣椒磨成片儿，那么这个片儿的大小就是非常有讲究的，我们需要反复试验。再比方说，我们在日常生活中做一小碗油泼辣子可能不是件难事，但是要通过工业化的方式大规模做同样品质和风味的油泼辣子，就需要独特的工艺才有可能实现。这个工艺的设计肯定是方方面面的，就拿温度的控制来说，我们在工艺设计中特别关注了这个问题。因为在辣椒炸制的过程中温度非常重要，不同温度的油对辣椒的香味、颜色、辣度都会产生不同的影响，所以就需要我们在工艺上做好精细的设计，这样才能做出地道的油泼辣子来搭配我们的面。"

在辣椒的处理上，除了工业化还原的问题，辣椒形态的呈现也是非常重要的。

"我们曾经根据最具特色的一款湘菜——剁椒鱼头开发了一款产品。在这款产品中会有一个剁椒包，这是整个产品的灵魂。我们当时对剁椒包提出了很多要求，其中最核心的一点就是它一定要像我们在餐厅里吃到的包含剁椒的菜品那样，能看到清晰的辣椒片，不能完全做成剁椒味的辣酱。辣椒的形态其实是非常重要的，不仅在观感上会影响到产品的品质，在口感上也会产生很大的影响。"白象产品中心产品二部副总监王玲玉说道，"实际上我们对于每一款产品所涉及的辣椒在处理上都有非常严格的要求，有时候也可以说是很苛刻，但是必须这么做。因为我们要还原消费者在餐厅里吃到的那种最正宗的口感。对于辣味菜系来说，辣椒就是灵魂。辣椒处理得不对，整个产品就是失败的。"

绝大部分"大辣娇"产品，都会使用磨碎的辣椒，只是不同的产品对于辣椒颗粒的大小会有不同的要求。但火锅面却是个例外，因为它在配料中使用了辣椒段。白象希望通过辣椒段为消费者还原他们在火锅餐饮门店中的那种体验感。

"虽然只是几个辣椒段，但是有和没有给消费者的体验是完全不同的。不管是从形态还是风味上考量，辣椒段的运用都会让火锅面和堂食中的火锅更为贴近。"白象供应链中心采购部的高级经理李鹏辉说道，"但是对于我们来说，辣椒段是一种全新的原材料，在之前的产品中从来没有应用过。这意味着不管是在加工制备环节，还是在供应商的综合应急反应能力上，都会面临一个比较大的挑战。而其中最大的挑战来自辣椒段的品控，这也是我们之前从来没遇到过的问题。看起来辣椒段和辣椒片儿只是形状上的改变，但实际上在品质控制方面的差异是非常大的。"

"当时我们的产品要求是在配料包中加入长度大约3厘米的辣椒段。因为是全新的原材料，我们不仅让原先的供应商送来了样品，还重新开发了不少新的供应商进行比对。当时不同的供应商给我们送了大约30种样品，我们在比对这些样品的时候就发现了一个大问题。在这些样品里面，我们发现了一个辣椒段里面存在发霉的问题。"曾经负责了很长一段时间采购工作的侯志勇说道，"从外观上这个问题是完全看不到的，如果这个辣椒没有被切成段儿看起来也是好好的，但是切开以后问题就暴露出来了。我们当时的第一反应就是这个质检的难度太大了。这样的情况出现的概率可能并不大，但是我们不能心存侥幸啊！对于任何要入口的东西，白象从来都是有着非常严格的要求的。所以我们立刻召集了采购部、品保部、研发部和产品部四个部门的同事一起组成了专项小组，到供应商那里现场沟通品质管控的要求、方法，制定相应的流程。就这一个小小的问题，我们耗时两个月，最终才确保供应商提供的辣椒段达到了白象的品质要求。"

火锅面研发的难度在整个"大辣娇"系列中都排在了前几位，研发的最大难点首先就集中在原料的处理上。因为火锅面涉及的原料很多，每一种原料都有极高的品质要求，要完全达到这些要求不是一件容易的事情。

"火锅面的原材料里，除了辣椒段，还有一个新品——豆皮段儿，这个也是我们在行业里首次使用的，之前行业内还没有一家公司批量生产过这种原料。"侯志勇说道，"豆皮本身是很常见的，但是难点在于我们需要的是卷好的豆皮段儿。这个豆皮段儿宽是多少、长是多少，我们有严格的规定。同时豆皮段儿在卷的时候不能太紧，也不能太松，我们要呈现出非常舒适的蓬松的感觉，这样不管是观感还是泡出来都会比较好。但是要知道我们不是卷几个豆皮段儿，而是大规模地生产这样规格统一的豆皮段儿，这个难度一下就上来了。"

为了能够成功地卷出豆皮段儿，并且将出品率提升到预期的目标，采购部、产品部、研发部和品保部等几个部门的工作人员都集中在了供应商那里，对生产的每一个环节进行沟通、把控。经过两天两夜，豆皮段儿终于按照既定的要求成形了。可是豆皮段儿卷出来之后，又遇到了包装的问题。

"因为豆皮段儿有独特的尺寸，我们现成的包装机是没办法进行包装的。"侯志勇说，"当时的时间很紧，我们想要赶在'十一'黄金周的节点把产品推向市场。所以我们兵分三路连夜作战，一部分人用塑料袋装着样品赶到广州的包装厂进行测试，另外两路人在郑州寻找不同的包装厂。好不容易找到了合适的包装机器，我们又发现包好的豆皮段儿稍微被压一下就会碎。这哪儿能行呢，在产品的运输过程中，谁都不能保证它不会被压到。后来我们想办法又和厂家沟通，加装了往包装袋里充氮气的设备，这样就能保证豆皮段儿的完整性了。整个包装的技术品质达到了要求以后，我们又马不停蹄地开始提升包装的效率。最终我们从一台机器每天包装 4 万包，提升到了一台机器每天能包装 10 万包。"

即便现在回忆起来，侯志勇对火锅面正式投产前这段紧张刺激的经历仍然记忆深刻。虽然最后成功地解决了配料中的辣椒段和豆皮段儿的问题，但是这个过程是非常曲折的。第一批 50 万包的豆皮段儿生产出来后就没有达到白象的品质要求，但是因此产生的损失白象也没有完全让供应商承担，而是主动承担了 20 万包的成本。

"白象一直倡导要和供应商共同发展，所以出现问题不可怕，我们一起面对，最重要的是能在产品上市之前，把这些问题解决好，给消费者带来好的产品。"侯志勇说。

为了能做出更加地道的火锅面，除了配料上的精益求精，在底料的熬制上也是煞费苦心。

"就拿火锅底料中的牛油来说，我们当时花了大量的精力在全国各地四处寻找。因为我们不仅要找到正宗的牛油，还要追根溯源，要清楚地知道前端原料的情况，比如，它的牛是怎么养殖的，是在哪个地方养殖的……这些情况一方面关系到牛油的食品安全，另一方面也会影响到牛油的品质和风味。所以虽然我们需要的是牛油，但是不能光找牛油，还要从源头上进行把控，这样才能确保最终得到一款安全的、品质有保障的牛油。所以整个火锅面的研发，我们对于每一种原材料的选择、加工都是极其严格的，为的就是能给消费者提供地道的而且安全健康的产品。"张永帅说道。

吃辣也是一种情感需求

　　火锅面是白象的创新型产品，从第一代火锅面推出之后，白象就不断地进行消费者市场调研。他们聘请了专业的调研公司一起对消费者进行街头访问、入户调查，还和消费者一起召开座谈会，听取消费者的意见，以此来确定火锅面究竟应该向什么方向发展，最终才有了第三代火锅面的诞生。而在第三代火锅面的研发过程中，如何还原出消费者喜欢的川渝火锅的味道，在配料中要加入哪些配菜，也经过了数不清的尝试。即使是在第三代火锅面已经推向市场以后，在白象位于新郑的研发中心里，还有研发人员一直在进行配菜的细微调整。含有豆皮段儿、鱼丸等配菜的包装袋摆满了整张桌子。在外人看来每一包似乎都是一样的，但是在研发人员眼中，它们的差异可大了。豆皮段儿的大小、鱼丸的数量、其他配菜的搭配，都是他们要慎重考虑的问题，他们需要从这些细微的差别中去做选择，最终使得产品在观感和体验上都达到最好的效果。

火锅面涉及很多新的原料的运用。从每种原材料的选择、加工，到生产、包装，每一个环节都出现过意想不到的困难，都需要不断地跟设备厂商、原材料供应商、包装厂商等进行反复沟通，改设备、改工艺，最终才呈现出一款受到消费者欢迎的产品。

目前，白象的研发人员已经开始进行火锅面口味扩充的基础研发工作，希望能将更多独特的不同地域特色的火锅口味涵盖其中，包括胡椒猪肚鸡火锅、老北京涮锅、酸汤鱼火锅等。这将是"大辣娇"在还原地域辣味上的一个重要的探索。

除了传统的速食产品，2021年，白象再次洞察到消费者对速食产品的需求正在逐渐向高端、健康和年轻化转变。需求的升级带动了品类升级，"大辣娇"陆续推出了新速食系列，包括酸辣粉、重庆小面、牛肉板面、兰州牛肉拉面等，与年轻消费者同频共振。

"这些产品和年轻人的匹配度更高，因为它们都是非油炸的面或者粉丝，更符合大家健康化的需求。目前已经成为'大辣娇'系列很受欢迎的产品线。"白象产品中心产品二部副总监王玲玉说道。

以中国地域经典辣味为核心进行延伸和诠释的"大辣娇"系列产品，不论是从原型的选择、原料的选择，还是工艺的呈现上，都在尽力将中国不同地域的辣通过工业化的手段还原出来，让消费者在速食产品中也能享用到以往在餐饮堂食中才能吃到的正宗的辣味。

"对于白象来说，'大辣娇'就像是在我们和年轻消费者之间架起的一道坚固的桥梁，让年轻的消费者从一碗地道的辣面开始，慢慢爱上好吃的中国面。'大辣娇'不仅给消费者提供了一碗好面，对于学习、工作节奏超快的年轻人来说，这碗地道的辣面还给他们提供了很大的情绪价值，让他们能够在享用美食的同时释放内心的压力。"白象产品中心产品二部总监黄盼说道，"我们当时选了100个城市，和年轻人做了100场陪伴式的活动。我们提供一个平台，让年轻人去交流，舒缓内心的压力。在上海，我们还和书店一起联合做了情绪解压SPA馆，帮助年轻人纾解他们内心焦虑的情绪。"

"大辣娇"在情感上跟年轻人产生的这种很强的共鸣，是产品在饱腹、口味之外能给消费者带来的另外一个更深层次的意义。它不仅满足了消费者喜欢吃辣的饮食习惯，同时也在情感上给消费者提供了极大的支撑，这是"大辣娇"系列在还原中国地道辣之外所承担的又一重要的使命。

第三章

走街串巷

"
用工匠精神来做产品,
让产品关照到每一个人。"

用美食唤醒人们对生活的热爱

在中国不同的地域寻找美食的密码，用工业化的方式将它们地道地还原出来，最后再将传统的中华美食与健康营养的面条融合在一起，一碗好吃的中国面就这样被白象做了出来。为了做好一碗面，奔赴全国各地找寻美味成了白象人最重要的工作之一。而这一趟趟走出去的旅程，不仅给白象人带来了美食的灵感，也给他们带去了更深刻的思考。

"我们在全国寻味的时候，发现了很多自己喜欢的美食。这些味道不仅能在当下给我们带来极大的满足感，还会长久地留在我们的记忆中，形成我们对当地最深刻的印象。我想很多人都有过这样的经历，因为工作也好，旅行也好，我们在不同的城市接触到的美味往往就成了那个城市最让人怀念、让人流连忘返的东西，只要想起那个味道便是幸福的，是充满向往的。这些来自我们自己工作和生活中的感受给我们提供了很大的灵感，我们就在想能不能研发一款产品，专门做全国各地的最具特色的美食，能让消费者即便没时间旅行，即使不去外地出差，也能随时随地吃到他记忆中的味道。后来，我们就推出了'走街串巷'这个品牌，来实现我们的梦想。"白象研发中心日韩研究所总监李黎霞说道。

虽然在20多年的时间里，为了研发出好的产品，白象一直都在"走街串巷"，但是将这样生动的、充满烟火气的日常做成品牌，却是2020年的事情。

"当时我们选名字花费了不少功夫，最终才想出了'走街串巷'这个词，它特别有动感，充满了生活的气息，跟我们想要做的这件事情特别贴合。当我们把这样一个产品呈现给消费者的时候，就好像是他的朋友一样，陪着他在那些熟悉的街巷里漫步，唤醒他的记忆，让他想起某一次特别美好的旅途，重现一段美好的生活。所以当时我们自己对于产品的定位非常清楚，我们想要做的产品一定不是冷冰冰的，也不是单单解决一个口味的问题，而是会和消费者对话的，能和消费者产生共鸣的。"虽然这是发生在4年前的事情，但是李黎霞在讲起"走街串巷"这个名字的由来时依旧充满了幸福感和使命感。

对于李黎霞和精心打造这一系列产品的同事来说，"走街串巷"不仅仅是一个产品名称，还承载了他们的梦想。他们希望"走街串巷"能够实现人们对记忆的复刻，当人们暂时无法抵达记忆中那个美好的地方时，"走街串巷"中的某一个味道会带着他再次体验彼时彼地的场景和情绪。不仅如此,"走街串巷"还会勾起人们对家乡的怀念。当人们在遥远的异乡努力奋斗的时候,一道家乡的美食能给他们的心灵带来难以想象的抚慰。而同时,"走街串巷"还能带给人们"走出去"的勇气。当人们尝着"远道而来"的美味时,心中会激起对远方无限的遐想,去往远方的向往便也会跟着浓烈起来。然而不管是哪一种情景,"走街串巷"最重要的使命都是唤醒人们对美好生活的热爱。

"在刚刚做'走街串巷'这一品牌时,整个餐饮市场上还没有特别去凸显地域特色的产品。虽然我们也在餐厅里吃到过南昌拌粉、新疆炒米粉这样有着鲜明的地域特色的食品,但是总体来说种类是非常少的,也不成系列,人们关注的更多的还只是口味。这也是白象最终决定推出'走街串巷'的原因之一。我们希望做出真正能和消费者互动起来的产品。"李黎霞说道。

幅员辽阔的中国,在地域美食的种类上也是极为丰富的。那"走街串巷"究竟要从哪些产品做起呢?

在"走街串巷"品牌建立之初,白象率先推出了一些较为传统的人们认知度也较高的产品,比如,重庆酸辣粉、柳州螺蛳粉。当时白象更多地是考虑先用市场上比较成熟的产品让"走街串巷"和消费者建立起连接。这些产品虽然不是创新产品，但是需求量不小，所以它们的销量也还是非常可观的。但是白象对"走街串巷"所寄予的厚望并不止于此。白象一边利用传统产品建立"走街串巷"的品牌认识度，一边通过不断地调研寻求真正的突破点。

"这个突破点肯定是来自消费者的，我们必须知道消费者喜欢什么产品，需要什么产品。所以在研发之初，最重要的事情就是对消费者进行各种形式的调研。在这个调研的过程中我们就会了解到消费者对哪些地方的哪些美食有深刻的印象，他们对某一道美食最深刻的感觉是什么，这些都会给我们提供很多非常有价值的参考。因为只有把消费者对于美食印象最深的那种感觉还原出来，才会引起消费者的共鸣，达到'走街串巷'这个品牌的初心。"方便面事业群产品管理组高级经理王沙说，"白象最早生产的重庆酸辣粉和柳州螺蛳粉都是在电商渠道销售的，包括现在'走街串巷'的产品主要的销售渠道也是电商，而不是线下门店。电商销售有一个很大的优势就是，电商平台不仅仅是销售平台，同时也是和消费者互动的平台，我们能够及时收到消费者的反馈和意见。消费者究竟喜欢什么样的地域美食，很多信息我们也能从电商平台上收集到。"

来自消费者的消息当然是纷繁复杂的，如何从这些信息中洞察出真正符合市场的需求，考验的是白象的判断力。2022年

10月,"走街串巷"全新的创新型产品——苏式地域风味的蟹黄拌面上市。它是白象对消费者需求洞察的体现,也是"走街串巷"梦想开始实现的地方。

一碗平价却高品质的蟹黄拌面

蟹黄拌面的灵感始于 2022 年秋季,那是一年当中最合适吃蟹的季节。

"每年到了吃大闸蟹的时候,不管是南方人还是北方人,大家都会抓紧时机多吃几只螃蟹。现在冷链运输很发达,即便不在螃蟹的产区,大家也还是能顺利地吃到活蟹。那么在吃螃蟹的季节,除了吃蟹,江浙沪的人们还喜欢吃蟹黄面。一到这个时候,大家就会讨论去哪家餐厅吃蟹黄面,网络上也会特意来做推荐,毕竟这时候的蟹黄面相比其他时间味道要更好。当时我们在看网络上的推荐,消费者关于这个话题的讨论,还听到了周围很多人在谈论蟹黄面,我们一下子就想到了它和'走街串巷'的关联。蟹黄面并不是在任何地方都可以吃到的美食,它不像螃蟹那样通过冷链运输就可以服务全国各地的消费者,但是蟹黄面又非常美味,这不正是'走街串巷'所需要的吗!"白象研发中心日韩研究所总监李黎霞说道,"生活在江浙沪的人们可能很了解，想吃一碗正宗的蟹黄面，在餐厅里是要花上七八十元甚至上百元的价钱的。市场上虽然也有速食的蟹黄面，但几乎都是冷冻的，口感和餐厅里的蟹黄面完全比不了。那这个产品的灵感一下子就来了，人们喜欢吃但是又不是那么容易就能吃到的特色风味，就是'走街串巷'需要花费精力去研究和探索的方向。我们希望一方面能真正地还原出正宗的蟹黄拌面的味道，一方面又能用速食产品的形式呈现出来，这样对于消费者来说才有更高的性价比。"

想要做出正宗的蟹黄拌面，寻找地道的原型是非常重要的。不同于白象以往的其他产品，往往在寻找原型上要耗费大量的功夫，蟹黄拌面的这个研发环节倒是极为顺利，因为在苏州就有一家传承了百年的老字号品牌裕兴记，在整个苏州，他们做的蟹黄面几乎占据了半壁江山。很多人从外地专程赶来就为了吃这一碗蟹黄面。白象研发的蟹黄拌面的原型就来自这家百年老店。

"我们花了很多时间去和店里的厨师进行非常深入地交流和学习，去深刻地理解蟹黄面的精髓。包括蟹黄、蟹肉、蟹粉的搭配比例是多少，怎么样能更好地体现出它的鲜味，怎么样来呈现它独特的醋香，用什么样的醋是最好的，醋里面要不要放姜丝，如果放姜丝它的比例是多少……一碗蟹黄面想要做得非常地道，每一种原料、每一个环节都有非常严格的要求。"

李黎霞说道,"这些看似特别微小的细节,其实都是我们研发人员需要深入研究的地方。只有在每一个细节的处理上都达到要求,最终才会制作出高品质的产品。"

蟹黄拌面虽然在寻找原型上没有遇到太大的困难,但开始进入制作环节之后,却处处是难点。

为了保证能还原出蟹黄面最正宗的口感,白象要求在制作的时候必须使用活蟹。但是活蟹是有季节性的,不是一年四季都能采购到,所以白象必须在相应的季节内将一年所需要的螃蟹都采购好,接着需要供应商来拆蟹,也就是要将蟹肉、蟹黄拆解下来,再通过先进的保鲜技术,将蟹肉、蟹黄锁鲜,最后做成蟹黄酱。对于白象来说,整个过程不光涉及新的原材料——螃蟹的应用,还涉及新的供应商——对螃蟹进行处理加工的工厂。

"蟹黄拌面不是市场上传统的主流产品,这就意味着它的相关产业链是不完善的。就比方说,拆蟹的工厂通常都是一些小作坊,而不是规模型的企业。白象如果想要进行大规模地生产,想要满足更多的消费者的需求,就得把产业链打通,而这需要我们从源头——养殖螃蟹这一环节就开始介入,最终才有可能实现规模化的工业化转化。一种创新型产品的上市,很多时候不仅对研发人员、产品人员是一种考验,供应链面对的挑战也是很大的。供应链是需要随着产品而进行创新的,从原料的采购、资源的整合，到最终把产品生产出来，每一个环节都需要创新，需要制定出行业标准。"白象集团高级副总裁姚进说道，"整个研发和生产过程，是白象的研发能力和供应商的技术共同进步的过程。其中遇到的挑战非常多，但相应的能够进步提升的空间也非常大。很多和我们合作的供应商都会在这个过程中获得很大的提升。这也是白象一直希望能够做到的事情，就是和供应商共同发展。"

即使是在速食产品市场上，蟹黄拌面也不是白象的首创，但是白象希望自己在涉足这一领域后，不仅能在产品的口感还原上做得更好，在产品技术上也能为行业带来很大的提升。基于这样的想法，白象在一开始就决定做常温的蟹黄拌面。因为常温产品在风味的还原上是最有优势的，而且对于消费者来说也会比冷冻品的成本更低，更方便储存。但是这对于生产技术是有比较高的要求的，需要在工艺上进行很大的突破。因为白象制作的蟹黄酱是不能有任何添加剂的，那么在常温状况下要实现一定期限的保质就会是一个难点。同时，白象还要研究怎么样在常温保存的情况下让蟹黄酱的风味损失降到最低，这些都是需要技术突破的地方。

能让消费者吃到真材实料的蟹肉、蟹黄，而不是只有蟹的风味，这是白象对于蟹黄拌面的基本要求。所以蟹黄拌面的蟹黄包足足有100克，同时它还有蟹油包和蟹醋包，和餐厅堂食的配置是完全一样的。它要成为消费者能在家里快速做出高品质的一餐的很好的选择。这样的蟹黄拌面除了要在蟹上下功夫，同样也要非常重视面的选择。苏式蟹黄拌面讲究的是爽滑的细面，配以浓郁的蟹黄。而白象在还原这道美食的时候，同样也采用了正宗的非油炸的细面。为了让面的口感能够精准地还原堂食的感觉，白象采用了多次醒发和仿照手工和面的技术。这样制作出来的面条，需要经过手工盘面的工艺才能制作成面饼，也就是说每一块面饼都是人工盘好的。最后，这些面饼还要在阳光房里进行高温日晒，通过阳光和时间的洗礼呈现出自然的面香。

"蟹黄拌面从研发到上市的时间非常短，因为我们需要在吃蟹的季节将这款产品推出来。当时我们各个部门的同事通力合作，真的是废寝忘食，把所有的精力都用在了这个面上。我一直觉得**产品是不会说谎的，你花了多少心思在它身上，它最终就会呈现出多少分的品质**。所以白象真的是在用工匠精神来做产品，是发自内心想要给消费者呈现最优质的产品，我相信这一点消费者通过我们的产品是完全能够体会到的。"李黎霞说道。

蟹黄拌面上市以后，很快就引爆了各大电商销售平台，它成为"走街串巷"这个系列最重要的突破点，也让"走街串巷"这个品牌在消费者心中真正站稳了脚跟。

做一张全国美食地图

对于白象来说,"走街串巷"承载着他们巨大的梦想。

在蟹黄拌面之后,"走街串巷"系列又陆续推出了贵州地域风味的红酸汤鱼面、闽南地域风味的沙嗲海鲜面、粤式地域风味的胡椒猪肚鸡汤面、东北地域风味的麻辣烫等。这些风味和市场上的传统风味有明显的差异,在研发的过程中都遇到了不小的挑战。当然,也正因为风味的独特性,这些产品在上市之后也很快吸引了消费者的目光。

从最开始传统的重庆酸辣粉、柳州螺蛳粉,到现在的一系列创新型产品,"走街串巷"已经找到了最符合自己的气质。

"随着消费者消费需求的提升,他们对于速食类产品的要求和过去相比已经发生了很大的变化。越来越多的消费者希望速食类产品能向正餐靠拢,在追求方便的同时,营养、健康化的需求也在不断地提高。而'走街串巷'打开了一条新速食的通道,我们的每一款产品不光都使用了天然的通过阳光晾晒的面条，可以媲美甚至超过很多堂食的面条，而且每款产品的配料也是非常丰富的，比方说，沙嗲海鲜面里不光有一大包小火慢熬的沙爹酱，还配了经过FD冻干技术处理的虾仁、鱼丸、鸭血、豆芽、豆泡等配菜。红酸汤鱼面里有滑嫩的黑鱼片，胡椒猪肚鸡汤面里也有实实在在的猪肚和鸡肉。'走街串巷'不光是地域风味上的还原，更是堂食感受的还原。基本上我们在餐厅里能吃到的，在速食面中我们也能享用到，这是一个全新的方向。"方便面事业群产品管理组高级经理王沙说，"还有一点很重要的是它和很多使用湿面的一些新速食产品不一样，那些新速食在配料上也越来越丰富，但是因为使用了湿面，产品的保质期是非常有限的，但'走街串巷'的保质期会长很多，这对消费者来说会更加便利。当然，既要确保产品有一段相对较长时间的保质期，又想要产品天然健康，不添加防腐剂，同时最关键的是在风味的还原上还要地道正宗，这背后离不开白象强大的技术给产品提供的很好的支撑。"

"从'走街串巷'品牌成立到现在，我们对于所有的产品都有两个非常重要的把控点。一个是要还原正宗的地域风味。我们需要通过最地道的美食去唤起人们对过去某一次经历、某一段生活的回忆，满足他们内心的情感需求。一款产品被寄予了这么重要的期望，它在最关键的风味还原上是不能打半点折扣的。另一个则是产品的健康化和营养化。不管是原料的选择，还是生产工艺，甚至产品的包装环节，都是非常讲究的，白象希望能用最天然的方式来还原最地道的美食。"白象研发中心日韩研究所总监李黎霞说道。

随着产品的种类越来越丰富，白象希望通过"走街串巷"做一张中国的美食地图，这就是"走街串巷"所承载的梦想。人们将来可以依据"走街串巷"的美食地图打卡，打卡之后还可以留言发表自己对于产品的意见，也可以留言说出产品里还没有呈现出来但自己喜欢的地域美食。"走街串巷"会根据大家的留言，实实在在地把这道美食还原出来，让美食带着大家走遍全国。这是未来"走街串巷"想要一直做下去的事情。

让产品关照到每一个人

"我们都说要按照消费者的需求来研发产品,但是这个需求有一些是洞察出来的,有一些则是创造出来的。"白象集团高级副总裁姚进对于消费者的需求有着独到的理解。

"走街串巷"可以说是白象洞察消费者需求的代表案例。能够和消费者建立情感的共鸣,理解消费者的情感需求,是"走街串巷"获得消费者青睐的关键。但是在 2023 年火爆全网的白象超香香香香香菜面的出现,则证明了创造消费者的需求也可以获得巨大的成功。然而,这样的成功并不是偶然的。不论是洞察还是创造,一个产品能赢得消费者的喜欢,除了它的品质以外,还需要具备一个非常重要的特征就是"看到"消费者,而这也正是满足消费者需求的体现。如今,消费者对于食品的需求是多元化的,不仅需要在口味、口感、营养、健康等关乎食品品质的因素上能够满足自身的要求,还需要食品在情感上能够提供支撑,在社交甚至是娱乐化方面也能发挥重要的作用。这给食品制造企业提出了更大的挑战，同样也带来了更多的机会，谁能够更多地"看到"消费者，谁能在不同的方面满足消费者的需求，谁就更有可能在激烈的竞争中脱颖而出。香菜面的成功就得益于白象对爱吃香菜的这一小众群体的"看到"。

"小众的市场，看起来代表的是一个很小的细分品类，但是因为中国的人口基数大，很多时候小众就是大众。**白象去关注这部分小众群体，除了因为他们的实际数量非常可观之外，更重要的是白象从来不是一家只为了卖产品的企业，我们希望做出好的产品来服务消费者，更希望我们能够通过产品关照到每一个人。**"姚进说道，"在我们的日常生活中，吃香菜的人可能远远没有不吃香菜的人多，那么很多时候这部分人就是被忽视的。大家在一起吃饭总是要照顾不吃香菜的人群，所以常常会要求厨师在所有的菜品里都别放香菜。这是在我们平时生活里非常常见的一个现象，大家也都习以为常了。但是我们好像从来没有从另外一个角度思考过这个问题，当我们在照顾那些不吃香菜的人群时，又有谁来关照爱吃香菜的人呢？他们的需求也应该被尊重呀！所以我们在谈到白象坚持的产品主义时，一切都要围绕做出好的产品来行动，那么我们应该关注的其实不只是产品本身，还有更重要的产品的研发理念。我们应该认真地去思考该从什么样的角度定义我们和消费者之间的关系，应该怎么样和消费者建立更深刻的信任感，怎么样更好地服务消费者。我们的**产品需要不断地升级，产品研发的理念实际上也需要不断升级，这才是我们能够更好地和消费者站在一起的前提**。"

香菜面从研发到上市一共只用了三个月的时间，但是决定做香菜面之前，白象花了很长时间做市场调研，来发现这样一群爱吃香菜的人。在这个创新型产品的研发过程中，互联网成为洞察消费者需求的最佳平台。当时白象电商部门发现光是在抖音平台上，香菜话题就拥有超过40亿的播放量，占据着菜圈话题的C位。爱吃香菜和不爱吃香菜的两个群体之间的"战斗"火力十足，爱吃的一方可以说将香菜视作了最爱，而不爱吃的一方多半完全接受不了香菜的味道。正是在互联网上看到了香菜具有如此巨大的话题性，而当时市场上有关香菜的速食类产品又非常少，白象才最终创造出了香菜面的这个需求。"被看到"的香菜爱好者在香菜面上市的两个小时内就向市场证明了白象的判断有多准确。白象生产的第一批香菜面在抖音平台只用了两个小时就已经售罄，白象超香香香香香香菜面创造出了令很多人难以置信的"新品即爆品"的成功。

让一整棵香菜陪伴你

创新型的产品不论是在研发还是生产的过程中都会遇到极大的挑战，香菜面自然也是如此。

2023年5月，白象超香香香香香香菜面以盒装的形式第一次和大家见面。在这个小小的盒子里，白象将香菜运用得淋漓尽致。香菜面的面体本身运用了香菜粉来和面，这使得整块面饼看起来不仅有了香菜的颜色，还散发着香菜的清香，从色彩和气味上一下子就将消费者带到了香菜的世界里。在配料包里，它配有一大包切好的香菜段。同时更令人惊叹的是在这一个盒子中竟然配有5根整棵的香菜，这是消费者从没有见过的。

因为之前市场上并没有出现过使用整棵香菜的产品，所以从选择什么样的香菜，到如何清洗整棵香菜，对香菜进行包装，白象就遇到了困难。

在对不同的香菜进行了大量的对比之后，白象决定选用长度在50—60厘米的香菜。这样的香菜不会太嫩也不会太老，也最适合产品的包装需求，放在产品里既能体现出预期的冲击力，也不会出现弯折的现象。

选好了香菜，就需要去寻找对香菜进行前期处理的供应商。"因为我们生产的量是非常大的，不可能用人工的方法来清洗，所以必须找到合适的供应商。之前市场没有这个需求，也就没有专门的供应商来做这件事情。因此即便有供应商能够承接，所有的工作也都是开创性的，怎么把一根香菜从放入设备，到完整地清洗干净，最后再包装起来，工艺要设计得很巧妙，要既能把香菜的叶子和根部都洗干净，同时还要确保香菜的完整性，不能为了洗干净而频繁出现香菜被折断的情况，这样成本会增加很多。所以对于供应商来说单单是处理整棵香菜，就有很大的挑战。"方便面事业群产品管理组高级经理王沙说，"好在经过我们和供应商的共同努力，香菜的清洗流程最终成功地搭建了起来。"

为了让香菜的风味保存得更好，白象用FD冻干技术对香菜进行了处理。而为了不让整棵的香菜在运输过程中受损，白象还专门为香菜制作了托盒，将它们安放在托盒里。对于这样一根香菜，白象在每一个环节上都做了最细致的处理。

在生产第一批香菜面的时候，白象大规模地购买了市场上符合他们要求的香菜，在短时间内还导致了很多市场香菜价格的波动。然而让他们没想到的是这批香菜面刚刚上市就售罄了，这迫使他们不得不去快速寻找种植香菜的源头供应商，以确保能跟得上后续产能，同时也能更好地保障产品的品质。

仅用了三个月就研发上市的香菜面，它的成功离不开白象20多年的积淀。香菜面的研发难点在于香菜的运用，而非汤底。因为香菜面的汤底采用的是白象"汤好喝"系列中现成的辣牛肉汤。"汤"是白象最重要的资产之一，每一款高汤的研发都倾注了众多研发人员的心血，而经过长时间的市场检验，消费者对它们的喜爱和习惯度也越来越高。香菜和高汤的结合是1+1>2的选择，它让香菜面的口感更加丰富，香气也更为浓郁。

从2023年5月上市，香菜面的话题热度在互联网平台上一直居高不下，但是白象并没有紧追热度，将全部的重点放在提升产能上，而是让自己"降温"，马不停蹄地开始考虑产品的迭代升级问题。因为第一批产品的香菜是使用FD冻干技术处理的，这使得香菜在复水以后口感能和新鲜的香菜媲美，但是这项技术同时也提升了产品的成本和售价。为了能让更多的消费者享用到这款产品，提高产品的性价比，白象努力在不影响品质的情况下，想方设法将产品的价格降了下来。

2023年12月，"香菜面2.0"上市了。这次迭代的产品推出了消费者更为熟悉的桶装和五合一的量贩装，相比第一批次的盒装产品，它的成本降低了很多。在五合一量贩装的香菜面里，通过FD冻干技术处理的整棵香菜不见了，取而代之的是两袋香菜段。虽然产品的冲击力降低了，但是产品的口感并没有受到影响，而且成本也低了很多，能满足更多消费者的需求。

"香菜面2.0"在上线的时候，并没有像第一批香菜面那样做大规模的网络营销活动，但是它的销售量却非常可观。对于白象来说，他们做产品时在销量上的目的性始终没有那么强，相比卖得好，他们更在乎自己生产的究竟是不是一款好产品，他们希望通过好的产品去服务更多的消费者。所以他们宁愿下大功夫将香菜面打磨成一款经得起时间考验的好产品，而不是一味地利用网络热度打造"营销爆款"。从目前的销售数据来看，白象的这个目标已经实现了。

白象的超香香香香香香菜面的成功，在市场上掀起了一波香菜潮。很多品牌进行跟随出品了香菜比萨、香菜酸奶、香菜果汁等。但是对于白象来说，市场上的起起落落似乎对自己都不会产生太大的影响，他们一直跟随着自己的内心，回到原点来思考问题。而这个原点始终是如何把产品做好，更好地满足消费者的需求。只是随着时代的变化，消费者的需求更加多元化，而白象也正在努力从食品的食用功能、健康功能、营养功能、情感功能、娱乐功能等多方面满足消费者。

第四章

做最好吃的面

"
始终关注民生,

和大家、和底层劳动者站在一起。"

一场漂亮的战役

2023年5月，河南遭遇了严重的暴雨洪涝灾害。这场雨量大、范围广、持续时间长的暴雨恰巧与河南南部地区小麦成熟期高度重合。河南是中国的粮仓，更是中国最大的小麦产区，小麦的产量占据全国总产量的1/4。同时，河南还是全国1/3的方便面、1/4的馒头、3/5的汤圆、7/10的水饺的生产基地，这些食品生产企业所使用的小麦很多都来自河南。这场暴雨不仅给当地的小麦收割带来了巨大困难，给农业生产带来了极大的影响，同时也直接影响到了当地的食品企业。为了能将损失降到最低，农民争分夺秒地抢收小麦。然而由于受到降雨的影响，这些能够抢收下来的小麦无法及时被烘干，很多还是发芽、长霉了。如果不能尽快地科学地处理好这些麦子，它们要不根本卖不出去，要不只能以很低的价格被收购。小麦的收成事关农民的生计，可是他们大半年的辛劳就这样被雨水无情地浇灭了。为了尽可能挽救农民的损失，河南省政府划拨大量资金用于小麦烘干，确保小麦质量。而作为一家以生产面食为主的食品企业，白象天天都要和小麦打交道，他们太明白农民的不易了。于是在2023年夏天，白象毫不犹豫地加入到了这场帮助麦农的"战斗"。

2005年投产的白象面业是白象集团旗下的子公司，是一家大型面粉加工企业，拥有国内一流的技术与研发团队。他们有着世界上先进的生产线，日处理小麦能够达到1000吨。在这场大雨过后，就是他们承担起了帮助尽可能多的麦农抢救麦子的重任。

"虽然麦子被水泡了，但是白象还和往年一样，照常收购农民的麦子，尽量不让他们遭受损失。"白象新业务事业群的员工李乐说道。

在农民有难之时与农民站在一起，这是白象作为民族企业的责任担当。可是在帮助农民渡过难关的同时，他们又怎么让消费者放心呢？这些抢收回来的麦子还能食用吗？使用这样的麦子来做产品，食品的安全又怎么保证呢？

这的确是好问题，**对于一家食品企业来说，食品安全是最重要的底线。**

"白象在过去27年来，没有出过安全问题。吃的东西怎么能出质量问题，能出安全问题呢？出一点问题，这都是伤天害理的。"白象集团董事长姚忠良对于食品安全的重视以及坚定的态度，影响着白象的每一位员工、每一个产品。**白象要践行企业的社会责任，在农民有难的时候毫不犹豫地伸出援手，可同时也一定要确保不用一粒不合格的麦子，要 100% 保证安全不出问题。**为了守住这条底线，他们花费了几倍的时间来处理这些麦子。

"我们在回收农民手中的小麦时，先要对小麦进行分类。把已经发霉的麦子一粒一粒挑出来扔掉，确保它们不会影响到正常的麦子。然后，我们把正常的麦子储存在干燥通风的厂房，用我们的专业化设备和技术，以最快的速度为麦子去湿保质。"白象新业务事业群面粉商丘工厂销售部的吕中伟说道，"因为收购的小麦多，存储量很大，我们就启动了专门的真菌毒素消减机来进行处理，在这方面我们有方法也有技术做支撑，能够保证不让一粒不合格的麦子流入社会。"

科技是白象能够在帮助农民的同时确保食品安全的最有力保障，而强大、严苛的品保团队，从原料开始把控，做到安全指标 100% 合格，这又从另一方面为产品的安全保驾护航。

"做食品就是做良心，在品质上是不能打折扣的。白象这么多年来一直执行的就是**安全问题零容忍，质量问题大于天的品质管控。**"来自白象供应链中心品保部的乔超慧说道，"我们的品质管控更多地是要起到预防的功能，要防患于未然，要提前把隐患都消灭掉。所以对于原料来说，我们的监管是非常严格的，不能等它做成成品了我们再来查，那样就来不及了。"

白象对于食品安全的要求向来都很高，这和白象董事长姚忠良一贯的理念和坚持有很大的关系。"我们不仅要管自己，还要管供应商，供应商的供应商我们也要监管，因为有时候供应商没有相应的检验设备，他们发现不了自己供应商的问题，那这个工作我们就主动承担起来。在为消费者负责的同时，我们也让供应商的品质管控提升了很大的空间。这个监管是方方面面的，有些大家可能想象不到，其实包括产品的包装纸箱我们都要检测。因为做纸箱的纸有很多是从废品回收站收回来的，用这样的纸做成的纸箱我们肯定是不能用的。有关我们产品的东西，从原料到包装，我们都要做到追根溯源，保证产品质量。"

对于产品包装的质量都有着严苛要求的白象，对于原材料的把控更不用说。2023年夏天，他们凭借自己的专业力量既帮助了麦农，也完全没有使生产受到影响，这场和暴雨洪涝灾害的战役打得非常漂亮。

面粉的秘密

对于一家面制品生产企业来说，小麦和面粉是白象产品质量的源头。源头如果出现问题，产品的品质就无从谈起。2007年，白象集团投入大量的资金承担了国家科技部"十一五"科技攻关项目，成立了国家级的"小麦专用粉和传统面制品工业化技术与装备开发"专家小组，白象的生产基地成为国家级科研基地。这意味着白象对于面粉的研究步入了科技化的轨道。

"之前我们对于面粉的关注，重点是在分析不同的面粉应用到产品当中的属性是怎么样的。但是慢慢地，我们开始研究面粉本身的基础指标，比如，我们会研究面粉中含有的淀粉种类、不同种类淀粉的含量，以及它们对于面粉吸水率的影响等。对于面粉基础指标的研究，会更精准地指导我们对面粉的使用，从而增加整个产品的稳定性，让产品的品质能够得到更大的提升。"周龙是白象研发中心速冻食品研发部的应用面点研发专员，在日常的工作中，他们会和不同高校的研究人员一起对面粉进行专业化的研究。目前，他们正在进行的一个比较难的课题是针对速冻食品的。常见的速冻食品如速冻饺子，在冻完之后很容易出现面皮开裂的情况。大部分厂家为了防止面皮开裂，同时更好地恢复面皮的口感，会在面粉里添加一些添加剂，从而达到保水和抗冻的目的。但是白象对目前绝大部分产品的研发要求都已经提升到了零添加的标准，特别是还未上市的储备产品，更是要一步到位，要实现健康化和营养化。所以，公司对周龙所在的研发团队提出的要求就是在不使用添加剂的情况下，解决面的抗冻性问题。那么这就需要研发人员对面粉的一系列指标进行严谨的基础性的研究工作。

做面点速冻食品对面粉的需求不同，但是同样需要在产品研发中对面粉进行深入研究。"实际上，我们从小麦这一环节就开始进行严格的筛选了。"卫攀杰是白象研发中心方便面研发部的制面研发专员，研究生毕业以后就加入了白象。虽然在白象工作的时间只有两年多，但是她对于白象在原材料选择、把控和研究方面所做的工作印象十分深刻，"从基本的选拔条件来讲，我们首先选用的是冬小麦磨成的面粉，而不是春小麦。冬小麦都是九十月播种，次年五六月收割，幼苗能在土里过冬，它比春小麦有更强的抗寒能力。白象的产品通常选用的都是河南、山东、河北这三个地方的优质小麦，它们都来自冬小麦的主产区。"

"冬小麦生长的时间长，小麦蛋白就比较好。针对方便面来选择面粉的时候，筋度是最重要的指标之一，筋度高，面条的弹性才会好。这个筋度就和小麦蛋白有直接关系。"白象方便面研发部制面研发组组长李芳说道，"所以我们只选择冀鲁豫这三个省份的面粉来制作方便面，这三个区域的面粉是最适合做方便面的面粉。当然，对于其他产品来说这样的选择就不一定是最合适的。"

选择冬小麦而不是春小麦，对于白象来说，是最基础的一轮筛选，接下来更重要的是面粉的选择。这比选择小麦要复杂，需要精准地把握面粉的基础属性，不管是速冻食品部门还是制面部门都是一样的。

"我们评价面粉主要看三大指标——水分、灰分以及蛋白。"李芳说道，"举个例子，灰分体现的是面粉加工的精度。一种面粉加工精度越高，面粉中含麸皮的量越少，纤维素含量越少，灰分值也就越低。我们在生产不同产品的时候，不是说灰分数值越低越好，或者越高越好，要根据具体的产品来定。在做方便面的时候，不同的灰分值会影响到面粉的吸水性、面条的光泽度、油炸面饼时的耗油量等。这些指标有些影响的是面粉的加工能力。再比如，吸水率也和面粉的加工能力有关。面粉的吸水率如果太高，面就会太黏，吸水率太低，在生产过程中面就不容易被压成片，很容易断，这些指标都会影响到面条的整个生产过程。另外一些指标可能对生产过程的影响不大，但是会直接影响到面的口感。比方说，有一些面粉的面筋含量比较高，通常情况下用它制作出来的面条就会比较筋道。有一些面粉面筋含量虽然没有那么高，可是面筋的稳定时间长。这个稳定时间也很重要。我们在吃面的时候就能感受到，有些面吃到最后它都还是特别爽滑有劲儿，有些面泡了一会儿就软了，这就和面粉中面筋的稳定时间有关系。"

因为面粉的基础指标不同，所以不同的面粉适用的产品是不同的。适用于方便面的面粉不一定适用于其他面。在白象的产品中有两款分别叫作快刀削和慢晒的面条，一款是速食刀削面，一款是挂面，它们用的面粉就不是冀鲁豫地区的，而是选用了加拿大和澳大利亚核心小麦产区的面粉来制作的。那里一年一作且水分含量少的小麦，更能呈现出这两款产品所需要的强大的弹性和韧性。

想要让一款产品的品质能够达到很高的要求，常常不是一款面粉就能完全满足的，还需要对不同的面粉进行科学的配比，让面粉中每一项细微的指标的参数都达到预期的目标，这样最终才有可能得到一款满意的产品。这显然对研发人员提出了很高的专业要求，当然同时也对产品的品质提供了更大的保障。

大分量的满足

1997—1998年,白象集团刚刚挂牌成立的时候,他们对于面的要求还没有这么精细。白象方便面研发部制面研发组组长李芳回忆道:"那时候大部分人的生活水平还不是特别高,一日三餐吃进去的营养物质也不像现在这么多,人们吃饭的时候更注重吃饱,不管吃什么,量一定要足。但当时市场上方便面的面饼都是70克或者80克的,分量都不大。很多人在吃方便面的时候,一份不够吃,可是两份又吃不了,还要多花钱。一般情况下,人们就选择吃个半饱。"

那时候,白象董事长姚忠良带着员工天天扎在市场上,他很快就敏锐地发现了这个问题。特别是在矿区这样的地方,很多矿工为了节省时间,喜欢用方便面代替正餐,可是因为方便面的面饼太小,他们根本吃不饱。于是,白象开始研发大分量的方便面,解决人们的现实需求。这在当时的行业里是开创性的举动。

"一开始我们没有一下子把面饼做大,而是增加了一块面饼。就是在一个包装袋里放两块面饼,这样改造起来简单一些。"李芳说道,"两块面饼的方便面比单块的肯定要贵一点,但是比买两包又便宜一些,价格还是在大家可以承受的范围内的。"

可是将两块面饼放在同一个包装袋里并不是一个长久的完美的解决方案,在解决了面量不够的问题的同时也产生了新的问题,它导致生产过程中的人力成本增加了很多。工人在装面饼的时候需要由原来的一道工序变成两道工序,在大规模的生产中,这会让成本提高很多。那为什么一开始不直接生产克重更大的面饼呢?因为当时国内根本没有做大面饼的设备。但是受制于居高不下的成本,白象在做了一段时间两块面饼的方便面以后,不得不开始进行真正的大分量方便面的研发工作。

"最初我们是用原先的设备去做试验的,结果出现了很多问题。举一个最明显的例子,油炸面饼的时候,因为原先盛放面饼的油盒比较小,把大面饼放进去之后,就会出现面饼炸不透的情况。当然,问题不只这一个,可以说在生产的各个环节都有问题。"李芳回忆道。在这种情况下,如果还想要继续研发大面饼,白象必须说服设备厂家生产全新的设备。可这谈何容易,先不说技术上最后能不能突破,达到白象的要求,光是要额外投入资金去做研发和生产,设备厂商就很抗拒。

不过，白象最终还是说服了北京中威以及广州大华这两家设备生产商，按照他们的技术要求进行新生产线的研发和生产。然而这中间的过程并不顺利，即便前期进行了充分的沟通交流，北京中威的新生产线还是没办法达到白象的技术要求。

生产线的改造是一个非常复杂的过程，每一个环节都有自己的技术指标，一个环节出现了差池，会导致整条生产线无法投入使用。

"应该说从第一步和面开始，设备就要进行相应的调整。"李芳说道，"在专业的生产中，这一步叫作混合。想要做大面饼，最开始和面的这个混合锅就必须变大。但这不是单纯加大的问题，将原先可以盛 100 千克面粉的混合锅，变成能盛放 200 千克面粉的就可以了。我们要考虑在混合锅增大的同时摩擦力的变化。因为承载量变大了，正常情况下摩擦力肯定也会跟着增大。这样一来，设备的升温速度就会变得很快，它会给面的品质带来很大影响。因此生产线改造的第一个环节就遇到了需要突破的瓶颈——把混合锅的摩擦力控制好。"

想要控制设备的摩擦力，需要从设备内部的结构入手。白象的研发人员和设备厂家开始反复地进行内部结构的讨论，包括每一个锯齿的大小、角度，都要设计得非常精准，这样才能达到混合最均匀、产热最小化的目标。

在和好面之后，就要进入擀面的工序，在专业的生产中这一环节被称作压延，通过这一步的操作，松散的面团会被压成细密的符合要求的面片。经常擀面的人都有这样的经验，在擀面的时候，双手压住擀面杖的地方，由于施加了更大的力，那里的面会被擀得薄一些，而其余部分的面则会比较厚。改造以后的生产线，因为面带变宽了，在擀面的时候，面带的薄厚偏差就会变大。白象的研发人员和设备厂商不得不从压延辊上进行重新调整，这些压延辊就相当于我们平时用的擀面杖。他们花了很长时间来研究压延辊的摆放顺序，究竟是从大到小排列，还是从小到大排列；压延辊的安装角度也需要仔细斟酌，是上下对齐好，还是保留一定的角度好。这样的讨论每天都在双方技术人员之间上演着，日复一日，好像问题永远都解决不完。好在，经过无数轮争论和试验，他们总结出了一套能够使面带被擀得更加均匀的方法。

北京中威的新生产线之所以达不到技术要求，问题首先出在压延后的蒸煮这一环节。擀好的面被切成丝以后，要放到蒸箱里蒸。"但是在他们新的生产线中，面在蒸箱里的时间被拉长了，这样面就粘在了蒸箱的网带上。就像我们在家里蒸馒头一样，蒸的时间长，馒头就和笼布粘在一起是一个道理。结果下一步需要油炸的时候，面和网带很难脱离开。"李芳说道。

之前的生产线是不会出现这个问题的，但是他们没有考虑到面带比从前变得更宽更长，用现有的设备去蒸的时候，面在蒸箱里停留的时间比过去变长了。这个疏忽导致生产无法继续进行下去。既然面在蒸箱里的时间很难缩短，那么就从蒸箱本身的结构上去突破。这是他们当时想到的办法。

"发现这个问题后，我们就马不停蹄地和设备厂家一起讨论更换蒸箱网带的事情。网带有不同的材质，不一样的材质在面的粘连问题上表现出来的结果肯定也不一样。我们希望通过材质的改变来解决这个问题。"李芳说道，"然后我们还想到了调整网带上的花纹，这些花纹也会关系到面和网带会不会粘在一起。"

因为要不停地去做试验，所以解决这个问题又花费了很长时间。他们最终更换了网带，生产效果比原先好了很多，可是事情还没有得到最终解决，接下来的油炸工序才是这条生产线遇到的最大问题。

"和旧的生产线相比，炸面饼的油盒倒是变大了，但是在整个油炸锅的循环设计上又出现了很大问题，包括热量的供给和油量的供给都有问题，导致大的面饼根本炸不透。"李芳说道。

油炸需要能量，这个能量从哪里来呢，要靠热交换器。热交换器的大小要设计得极为合适。设计得太大，从购置的成本上来说本身就是浪费，而且如果油在热交换器里交换的时间过长，很容易变质。可是如果热交换器太小，它提供不了足够的热量，这道油炸的工序也不会成功。然而，最关键的问题是这个匹配度是没有办法进行反复试验的，因为成本太高了，它只能通过计算来进行设计。而北京中威交付的新的生产线在设计上就出现了问题。当时白象已经买下了这条生产线，钱肯定是不能白白浪费的，大家只能硬着头皮迎难而上。好在最终这个问题通过两个循环泵得到了解决。这条原本被认为是失败的生产线也被成功地抢救了回来。

新的生产线终于生产出了克重达到100克的大分量方便面，总体产能也从原先的每12小时生产12万包，大幅提升到了15万包。设备革新的过程是痛苦的，结果却令人欢欣鼓舞。白象经过这一艰难的过程以后，成功地在行业内开创了大分量方便面这一全新的产品规格，解决了当时的消费者面临的难以吃饱的问题。

让面有滋有味

创新,这个看似有些冒险的基因,从白象成立之初就流淌在他们的血液里。在白象进军方便面市场的时候,全国的方便面企业有1000多家,生产线达到了2000多条,方便面的品牌琳琅满目。在这样激烈的市场竞争中,白象坚持的大胆创新,为他们提供了更好的生存机会。

在大分量方便面面市后不久,研发部门就接到了新的任务,白象集团董事长姚忠良要求公司研发出一款既能够泡着吃也能够干吃的两吃方便面。这也是市场给他提供的灵感,当时那些卖熟食的摊贩为了招揽顾客,总是会准备一些能够用来品尝的小块熟食,随时方便顾客品尝。在吃过以后,这单生意多半都能成交。这被当时带领员工跑市场的姚忠良看在眼里,他立刻就萌生了要做一款方便顾客品尝的方便面。当时白象的品牌还没有做大,想要让顾客来买白象方便面,最好的办法就是要让顾客现场尝一尝,只要面好吃,顾客就会有购买的意愿。

可是在摊位上给顾客泡方便面是不现实的，最好的办法就是有一款能直接干吃的面让顾客品尝，但是因为顾客买回家肯定还是要煮的，所以这款面既要干吃好吃，煮起来吃也得好吃。

"这个任务真的很难完成。"李芳说道，"干吃和泡吃从面粉的选择上就不同。干吃的方便面如果想要好吃，一定是因为它很酥脆。这样的产品它使用的面粉蛋白含量是比较低的，相反淀粉含量会高一点。可是泡着吃的方便面，它要求的是筋道，面粉的蛋白含量肯定要高一些才行。这两个口感完全就是矛盾的。"

最初这个想法在研发人员这里就推行不下去，两个矛盾的需求怎么能在同一款产品上呈现出来呢？但是姚忠良很坚持，他觉得一定有办法解决这个问题。研发部门只好行动了起来，虽然他们内心觉得这件事情百分之八九十都不会成功。他们先把希望寄托在了面粉厂上，不管怎么样得有合适的面粉，才有可能生产面饼。

"我们让面粉厂提供了很多种面粉，期望能从中间挑出一种淀粉、蛋白质的配比比较合适的，既能够满足干吃的口感，也能满足泡着或者煮着吃的要求。"李芳说。

由于当时白象还没有先进的检测设备，他们不得不到郑州粮食学院（现在已改名为河南工业大学）进行检测。"检测的费用很贵，一个指标就要150块钱。"李芳回忆道。

他们需要找到一种淀粉含量高、蛋白质含量低一些但是蛋白质的质量要好一些的面粉，这样才有可能兼顾泡吃和干吃两种吃法的口感。在经过大量的检测之后，他们终于选到了一种比较理想的面粉。这是一个好的开始，但仅仅是开始而已。接下来如何用这样的面粉做出兼顾干吃和泡吃两种方式的面饼，他们仍然一头雾水，因为市场上从来没有过这种产品，他们也无从参考。

"我们想这个面条的粗细肯定是有讲究的。我们做面做了这么长时间，这些经验是有的。面条如果太细，泡起来或者煮起来的时候就会丧失筋道的口感。可是如果太粗，在干吃的时候肯定会觉得口感太硬。"李芳说道，"那究竟做到什么样才是合适的呢？这得需要反复试验才能确定。除了面条的粗细，要考虑的工艺环节还有很多，拿油炸这个过程来说，我们要特别注意控制油温。因为如果油起泡太多，它的酥脆度是好了，可是泡起来的口感就不太好。所以油温也很关键，要怎么控制油温，我们得设计好。"

从食用方式上对面饼重新定义之后，每一个生产环节都需要做出相应的调整。这是一个一环扣一环的复杂的流程，在对设备和工艺进行改造的过程中，有无数沮丧、泄气的时刻，但是好在大家并没有被打倒。随着研发进程不断深入，研发人员自己的心态也在不断调整，他们越来越相信自己是有可能做出这样一种之前从未有过的方便面的。这样的信心大大地激发了他们的斗志。但是生产过程中的问题并没有被他们的信心吓跑，如何给面调味成了他们面临的新问题，这个问题他们之前可从来没放在眼里。

传统的方便面，面条里只会加入一些盐。如果干吃的面条也像这样，即便它再酥脆，也达不到好吃的要求。所以想要做干吃的面，必须在面里加入适当的调味料，就像丁香、大料、花椒、蒜粉，让面本身变得有滋味。这在研发人员看来应该很容易实现，可没想到他们却在这里碰了壁。

"花椒、大料是初闻起来味道不大的一类调料，可是当它们和面混合以后，能量就会慢慢释放出来。特别是当面饼再经过油炸，这个味道就会变得更大。而且不光是花椒、大料，蒜粉也是个大问题。我们当时只在面里添加了很少量的蒜粉，可没想到面饼做出来以后蒜粉的味道特别冲，完全就把其他调料的味道都盖住了。"李芳说。

选好了面粉，工艺也做好了准备，谁都没想到竟然在添加调料的时候出了这么多问题。留给研发人员的时间不多了，他们要尽快想出解决办法才行。之前建立起来的信心给了他们很大的动力，几周以后，解决方案就陆续出炉了。大家改变了蒜粉的制作方法，让蒜粉的味道变得温和起来。同时，新制作的牛肉粉成为众多调料中最重要的一种，它不仅能大大提升面的香味，还能有效地中和其他香辛料的味道。

经过漫长的研发、试产，有滋有味的泡吃干吃两吃面终于进入了大规模生产的阶段。很快，它就成为市场上的"香饽饽"，毕竟在此之前大家都没有吃过这样的方便面。

这款两吃方便面为白象后期推出小朋友爱吃的"小飞象干吃面"打下了很好的基础，也为整个行业推出"干吃面"这个大的品类提供了很多灵感。不久之后，很多方便面品牌就推出了种类丰富的干吃面。

干吃和泡吃是两种不同的吃面方式，这两种方式的融合也给白象带来了更多的思考，他们开始研究能否在产品中加入更多融合的元素，让产品更加丰富。很快，白象就推出了一款面饼和粉丝相融合的产品，在这个产品中，既有传统的方便面饼，还有一块同样容易冲泡的粉丝，它们和独特的粉包、酱包组合在一起，泡出来以后不论是形式还是口感都非常丰富。这也是白象的首创，十几年之后，市场上这种不同的主食食材搭配在一起的产品才多起来。

方面饼变圆面饼

从 12 万包生产线提升到 15 万包生产线,白象花费了很大的功夫,完全是摸着石头过河才完成了生产线的设备升级改造。但是因为有了经验储备,后期从 15 万包生产线提升到 20 万包生产线时就顺利了很多。

"这次改造最大的挑战来自厂房的空间不够大。因为产能提高,好多设备都变大了,但我们的厂房没有变,还是原来的厂房,这就产生了问题。"白象方便面研发部制面研发组组长李芳说道,"就拿蒸箱来说,以前的蒸箱没办法一下子蒸那么多面,可是产能要扩大,不能让所有的环节都停下来等着面慢慢蒸。厂房暂时改不了,我们只能从设备上入手。这几年我们一直在根据生产、产品不停地进行设备改造,所以也有了很多经验。没过多久,我们就发明出一款多层蒸箱,能完美地解决这个问题。"对于蒸箱的改造,不仅要考虑蒸面量的提升,同时还要做到蒸完的面在口感上也能有一个提高,这是白象给研发部门提出的要求，设备改造的最终目标还是为产品的品质服务的。在反复的探索中，白象完成了对现有设备的升级，产能也实现了从15万包到20万包的提升。但是对于当时的白象来说，这只是他们的目标之一，他们还有另外一个更重要的目标，即在面的制造上实现真正的飞跃。

2012—2013年，这个质的跨越终于出现了，白象完成了方便面面饼从方形到圆形的改变。

当时，国内市场上的方便面不像我们现在所见到的是圆面饼，而是长方形的面饼，从我国生产第一包方便面开始就是这样的。之所以选择方形面饼，最重要的原因就是生产相对容易一些。在传统的方便面生产线上，通过混合、压延、切丝制波、蒸煮等步骤，就会生产出长长的面带。紧接着，只要按照固定的规格将面带切分开就会形成方形面饼。这样的生产线已经用了几十年，生产工艺也很稳定，继续沿用传统工艺是最安全和便捷的。再加上方形面饼的方便面在包装和运输的过程中也更稳定，破损率比较小。所以一直以来方便面都是以方形面饼示人的。可是方形面饼对于消费者来说并不是那么友好。人们在家中使用的碗都是圆形的，如果想要在碗里泡方形的方便面就会很不方便，有时候因为面饼太大，还需要把面饼掰成两块来泡。在技术、设备和人才的储备上都已经达到一定量的白象，开始向品质提升的方向迈进，而将方形面饼改成圆形面饼从而更好地满足消费者的需求，是一个非常好的突破点。

面饼形状的改变需要设备和技术的共同支撑，对于研发人员来说又是一块难啃的骨头。

要改动的地方非常多，比如，单单是圆面饼的成形，就要比方形面饼花费更多的工序和技术。原先只要按照面饼的克重切分长面带就能得到方形面饼，但是要改成圆形面饼时，却要经历推倒重建的复杂过程。

"我们要在本来应该切分面块的这个环节中，增加拉伸面条的工序。怎么样去拉伸呢？首先要用水将面打散，然后再利用新的设备将已经制波成形的面重新拉伸开，这样当它们落入油盒里时，就可以根据油盒的形状成形。这几道工序都完成以后，才能得到一个圆面饼。"李芳说道，"这个过程描述起来是比较简单的，但在实际操作中就很复杂了。产品要有变化就必须有设备来支撑，所以在确定了工艺流程后我们首先要研发新设备，同时技术也要跟上。我们要把面重新拉伸开然后再让它成形，可是究竟应该把面拉伸到什么程度，这个是要特别精准的，否则光是满足了圆形的需求，面条的弹性又会出现问题。如果面条的弹性不够，那口感就会差很多，这样的研发肯定是失败的。另外，因为在打散面条的时候加入了水分，水分增加，意味着面饼在油炸的过程中能量就会增加。我们也重新设计了油炸过程中的循环设备，从内循环改成了外循环，保证在油炸的过程中不产生有害物质。这个油的外循环是白象首创的，对于白象来说，不管是进行产能提升，还是其他的改动，把产品慢慢地做好是始终不变的，而且是要放在第一位的。我们进行油炸部分循环设备的改造，就是为了让面饼更加健康。"

圆面饼的成形只是这次技术改动中的一个环节，在实际的生产过程中，整条生产线几乎都做了改动，最终才实现从方形面饼改成圆面饼的目标。相比方形面饼，圆面饼不仅形状变了，而且增加了一个独特的设计。如果大家仔细观察就会发现在圆面饼的中间有一个凹陷的结构，这个结构是和油盒磨具中间凸起的部分相对应的。为什么会存在这个凹陷呢？"一个原因是这个凹陷的存在，可以把圆形面饼的花纹整理得更好看一些，让面饼看起来更加舒服；另一个重要的原因就是这里能放置方便面的调料包，这样就可以避免发生在运输过程中调料包到处乱跑的情况。"

从方形面饼到圆面饼的升级，是设备、技术和产品的共同升级，对于白象来说是在制面旅程中实现的一次质的飞跃。2013年，白象升级版的大骨面就使用了圆面饼，而且还是用骨汤和面的圆面饼代替了原先用水和面的面饼。这更是让这款面饼的品质迈上了一个大大的台阶，在充分考虑消费者便捷需求的同时，还在健康化和营养化上下足了功夫。

弯面条变直面条

"关于方便面面型的研发,是一项非常严谨细致的工作。我接到的任务通常是笼统的,比方说要让我们研发一款中式火鸡面。这个任务会同时给到方便面调理部门以及我们制面部门。调理部门的研发工作很好理解,他们是研发方便面的味道的。但是很多人可能想不到,其实白象每一款产品的面型也是要进行单独开发的,这就是我们的工作。"白象研发中心方便面研发部制面研发专员卫攀杰说道。

人们在日常生活中吃到的面条肯定不是只有一种形状,四川的担担面需要又细又滑的碱水面,山西的柳叶面需要一头宽一头尖形如柳树叶子的面,陕西的油泼面需要又宽又长抻得十分筋道的面……不同的面型配上不同的烹饪方法以及不同的浇头,才能最终呈现出不同面食独特的味道。那么将这个道理放在速食面的研发上也是相通的,要遵循不同产品自身的特点来进行面型开发。

"虽然人们对方便面的印象似乎就只有一个，就是弯弯曲曲的，很容易煮熟或者泡熟的一种面，但其实它的变化空间还是很大的。"卫攀杰说道，"在实际的研发中，除了同一个系列的、有相同食用方法的面，比如，都是煮的，或者都是泡的，这些面条可能会一样之外，大部分产品的面都是不一样的。我们在研发的时候要考虑它的烹饪方式，是拌面、泡面还是煮面；要考虑它的调理包的口味，面和调理包搭配在一起的感觉；要考虑人们平时在生活中吃同一个风味的面时已经习惯了的感觉……考虑的因素非常多，最终才能慢慢打磨出一种最适合这一款产品的面。如果面搭配不好，整碗方便面吃起来的感觉完全就变了。"

对于卫攀杰来说，在工作中遇到的最大的挑战是直条面的研发。一说起方便面，人们对它的印象就是弯弯曲曲的面条，但是在几年前，白象就开始了直条面的研发和探索工作。直条面打破了人们对方便面的传统印象，令它看起来更像家常的手擀面而不是速食面。而这正是白象想要实现的目标。不管是从形式上，还是健康化、营养化的角度，白象都期望能将方便面带入一个新的时代。而把弯面变直，应该是叩响这个时代大门必备的一把钥匙。当时，白象已经研发出了高汤包代替传统的方便面调理包，选用上等食材，经过六小时慢炖的高汤，已经具备了配备更加健康、营养，更具正餐价值的面条，所以直条面的研发就显得非常必要了。反传统的改动永远都是冒险的，也是充满挑战的，但是拥有创新基因的白象显然不会轻易惧怕。

"方便面之所以要做成弯弯曲曲的，是为了让面条和面条之间的空间变大。因为面条上有折花，所以两根面条并在一起的时候是点对点的接触，这样就会降低它们粘连的概率。可是如果改成直条面，面条和面条之间的空间就变小了。面条和面条之间变成了一个面的接触，而不是点对点的接触，如果把这样的面放在蒸箱里，蒸完之后面条肯定就会粘在一起。那么在后续的油炸过程中，也是没办法把面弄散的，这样的面一泡就坨了。这是直条面研发时最大的难点。"卫攀杰说道。

"为了攻克这个难题，我们在设备和工艺上都做了很多改造。"白象方便面研发部制面研发组组长李芳说道，"虽然我们需要的是直条面，但是这不意味着在整个生产过程中它都必须保持笔直的状态。其实我们还是让面条经过了制波的工艺，也就是说还是给面条打造了花纹，以防面条在生产中粘连在一起，同时也能减少蒸面时面条所占用的空间。但是这个制波工艺相比从前弯面条的制波工艺肯定是不一样的，否则我们是生产不出直条面的，我们在工艺上做了很大的改进。我举的只是一个简单的例子，在直条面的生产过程中，几乎每一个生产环节都进行了改动，这些改动是非常精细的，包括切面时面刀的位置；面条从蒸箱里出来的时候冷空气会加速让它定型，这时候要怎么解决它快速定型的问题；还有蒸完之后怎么样把面重新拉伸开……这些都要考虑得非常周全。"

"整个生产过程看起来很像模拟人在做手擀面的过程，我们平时在做手擀面的时候怎么确保面条不粘在一起，现在我们用工业化手段去还原的时候，也可以借鉴。但是工业化还原的过程相比家庭烹饪肯定会更复杂更难，每一个环节的设计都是非常精准的，设备和工艺的改造也都要做到十分精细化，最后才能实现生产的目标。"卫攀杰说道，"直条面的工艺一直持续研发了很多年，中间我们遇到了很多难题，过程是比较曲折的。"

2018年，白象成功地申请了直条面的专利，这意味着直条面已经基本研发成功。但是一直到2024年，白象"汤好喝2.0"的产品才第一次使用直条面。在这6年时间里，白象一直在努力将这款直条面做得更完美，让它的品质和口感都能呈现得更好。"汤好喝2.0"产品中应用的直条面，不仅在面型上有了重大突破，面条本身的品质也有了极大的提升。

"我们在这款面里加入了鸡蛋，希望能将优质的动物蛋白和天然的谷物蛋白很好地结合起来，实现双蛋白的搭配。"李芳说道，"健康化、营养化是白象任何时候都在不断追求的目标。就拿面条双蛋白的搭配这一点来说，我们不光尝试着在面条里加鸡蛋，还加了牛奶、豆浆，用这些富含动物蛋白或者植物蛋白的食品取代水来进行和面，达到蛋白更多元化的目标。这些产品很多还在研发储备中，也有一些已经推向了市场。比如，除了在'汤好喝 2.0'的面条里加入了鸡蛋以外，'鲜面传'系列里也有专门的鸡蛋面。对目前已经生产出来的这些产品我们还是比较满意的。"

健康是最终的追求

不论是进行产能提升,还是面型的改变,在升级的过程中,白象始终会将很大一部分精力放在提升面的品质上。随着之前出现的各个瓶颈被逐个破解,白象更是把对方便面健康化的追求提到了一个很高的要求和标准上。

"白象的产品研发始终是围绕消费者展开的,人们的生活水平提高了,对于食品的要求就会提升。过去我们的方便面首先是满足了大家吃饱的问题,这是那个时候的研发重点,是特定环境下的理念。但那时候这个研发思路也是以消费者为中心的。现在大家对于食品的健康化更关注了,我们在研发产品的时候也就要将更大的精力放在方便面的健康化上。"白象方便面研发部制面研发组组长李芳说道。

2017年,国务院办公厅印发了名为《中国防治慢性病中长期规划(2017—2025年)》的通知,其中强调了建立健康的行为和生活方式在防治慢性病中的重要性,提到要开展"三减三健"专项活动。所谓"三减",即减油、减盐、减糖,而"三健"是指健康口腔、健康体重、健康骨骼。而白象也立即响应国家的政策,从产品研发上积极落实"三减"。

"方便面从开始发明的时候就是油炸面饼,一直到现在行业内不同厂家生产的方便面大部分还是油炸面饼。油炸面饼在口感上的确具有很大优势,吃起来会更香,所以现在绝大部分方便面都是油炸面饼。不过,国家对油炸方便面的含油量一直是有比较严格的控制的,一块方便面面饼的含油量不能超过24%。但是白象的生产标准其实比国家的标准更高,我们很多面饼的含油量在20%、18%。有一些面饼,比如,中式火鸡面的含油量还能降到12%,这在行业里也是一个比较低的数值。"李芳说道,"减油减脂的目标不是因为国家提倡我们才开始考虑的,实际上这个目标一直贯穿在我们的产品研发中。我们做油炸面饼,一方面在不断地控制面饼的含油量,另一方面在工艺上也不断改进。从2013年开始,我们就淘汰了高温油炸生产线,采用了低温油炸的技术。从原先170多摄氏度的油炸温度降到了不超过150摄氏度,确保低于油类的烟点,保证面饼在油炸时的安全。这个就像我们家里做菜一样,一定要在油冒烟之前把菜放入锅中,否则一旦油开始冒烟就会产生有害物质。"

在为油炸面饼减油减脂的同时,白象在很多年前也同时启动了非油炸面饼的研发工作。这当然是行业未来的发展方向,但是想要真正做出好的非油炸面饼不是一朝一夕的事情。

"单纯做出非油炸方便面,我们在工艺技术上的难关其实早就攻克了。但是白象对于非油炸面饼是有很高的目标的。我们要把非油炸面饼做成油炸面饼的口感,既有油炸面饼的弹性,同时还有油炸面饼的香味。在保证低油低脂的同时,还能在口感口味上做到很高的品质,这样就很好地避免了非油炸面饼不好吃的问题,同时也实现了方便面健康化的目标。当然这个研发的难度是很高的,但我们还是要想办法去实现它。"李芳说道。

不论怎么研发,白象围绕的就是一碗好面这个目标,这碗面要像妈妈做的面一样,这个方向是不变的。这是白象董事长姚忠良常常给研发部门的同事说的话。一种产品能够实现工业化中的精准还原,就意味着它在口感和健康化上都已经满足了消费者的需求。然而从家庭到工业化必然是一个大的跨越,白象正在用二十几年如一日的坚持一点点向目标靠近。

"冻干面是另外一种通过先进的技术来实现减油减脂目的的面条。"白象敏捷创新研发部品类创新研发专员薛景波说道,"冻干面可以通过 FD 技术,也就是真空冷冻干燥技术,在零下 30 摄氏度甚至更低温度的真空环境中对面条进行脱水处理,从源头上避开了面饼油炸脱水的工艺。利用冻干技术生产的非油炸面条,有着非常好的复水性,因为面条在冻干的过程中,表面会形成密密麻麻的小孔隙,所以当我们在泡面或者煮面的时候,水分能够很容易进到面条里,让它在很短的时间内充分还原,就像家里现切现煮的面条一样,口味非常好。"

白象的非油炸面目前已经初步应用在了"鲜面传"等一些产品上,随着对生产非油炸面的不同技术研发得越来越深入,这种更加健康的面条会应用于更多的产品中,这是白象未来研发的一个大方向。

白象对于产品健康化的理解是多方位的,尽量让人们的饮食能够多元化也是其中的目标之一。这个多元化不是指产品的品相多元化,而是原料多元化。

"我们研发了杂粮面、荞麦面、香菜面、葛根面、山药面、青稞面……研发和储备的种类是很多的。这些面条里含有大量的膳食纤维,蛋白质、维生素也比普通的面条含量更多,所以营养价值也更高。一些产品还有独特的功能,比如,能够很好地满足控糖人群的需求。"李芳说道,"原料多元化在生产技术和工艺上给我们提出了更高的要求,每一款产品的研发都经历过大大小小的波折,但我们还是要沿着这个方向去走。我们的目标是做一碗好面,在面条的这个部分是没有讨价还价的余地的,就是要把面条做好。不仅要让面条的口感越来越好,也要越来越符合现代人的需求,在健康和营养上下功夫。虽然我们做的是速食面,可它只是烹饪时间上的速食,我们在研发上从来不追求快,相反我们一贯都是慢慢地、一步一个脚印地把品质做好。通过我们的技术进行工业化还原的美食,不仅要在口感、营养等方面做到精准还原,甚至还要超越家庭或者餐厅现场制作的,这是白象的追求。"

100% 纯苦荞挂面——万年荞

2019 年 4 月,白象推出了 100% 纯苦荞挂面——万年荞,这是一个称得上奇迹的产品。

含有荞麦的面条在市场上并不罕见,特别是在日本,荞麦在当地的主食中占据了很大的比例。但市场上主要的荞麦面,荞麦粉的含量通常在 30%—70%,只有很少一些做得比较好的荞麦面产品中荞麦粉的含量能够达到 80%,100% 荞麦面条是不多见的。而在白象"万年荞"这款产品出来之前,完全用苦荞做出的 100% 荞麦面在市场上更是从来没有过,之前市场上的 100% 荞麦面全都是用甜荞生产的。

甜荞也就是普通荞麦,它和苦荞麦都属于荞麦属,但不是同一个种,两者之间有很大的区别。就好像我们现代人和原始的能人、直立人、尼安德特人等都属于人属,却是不同的种,相互之间的差异极大。苦荞和甜荞都可以做成食物,因为富含膳食纤维、赖氨酸、维生素 B 族、芦丁、黄酮类物质、油酸和亚油酸等，被人们视作一种营养价值很高的主食。此外，荞麦还具有很强的功能性，可以帮助人们降血糖、降血脂，增强人体的免疫功能，所以近年来选择荞麦类食品的消费者也越来越多。对比苦荞和甜荞，苦荞比甜荞拥有更加丰富的营养价值，可是为什么市场上只有用甜荞制作的荞麦面，没有苦荞制作的荞麦面呢？这是因为苦荞吃起来会微微发苦，这种口感很多人是不能接受的。

"我们一开始就做了一个非常难而且非常彻底的选择。我们用苦荞来做荞麦挂面，而且用的还是100%的苦荞，就是想要一步到位，让荞麦面的营养价值最大化。说实话，这个研发过程中遇到的挑战有点超乎我们的想象了。"白象研发中心挂面研发部总监王艳丽已经在白象工作了25年，在她的产品研发经历中，万年荞的研发过程让她刻骨铭心，"做这款产品就像穿珍珠项链一样，每个生产环节都像一颗珍珠，这些珍珠你必须把它打磨得几乎一样圆，最后才能穿成一条价值连城的项链。一颗珍珠出了问题，这条项链都做不成。对于做万年荞来说，如果哪一个环节出了问题，就不是产品质量好不好的事情，而是根本就做不出面条来。"

用小麦粉做面条是一件比较简单的事情，可是换成荞麦粉怎么就会那么难呢？这是因为它们两个完全就是两种不同的东西。小麦属于禾本科，和水稻是同一家族的，而荞麦来自蓼科，跟小麦根本算不上亲戚。用荞麦磨成粉来做面条最大的难点就是荞麦粉没办法像小麦粉那样形成面筋。小麦粉本身其实也不含面筋，但是它含有麦谷蛋白和麦醇溶蛋白。当我们把水加入面粉里，不断地进行揉捏时，麦谷蛋白和麦醇溶蛋白就会结合，形成强大的互相关联的网络结构，这个结构就是面筋。面筋的存在是让面粉最终能制作成面条的必备条件，而且会直接影响到面条的口感。如果面粉的蛋白含量过低，就会阻碍它形成细密均匀的面筋网络，那么做出来的面条也就会强度很低，一点也不筋道。可是荞麦粉根本连面筋都形不成，所以市场上的荞麦面为了能使面条成形，而且口感上还比较筋道，都是混合了小麦粉的。可是白象却坚持要用100%的苦荞粉来制作面条，这能实现吗？

"真的要做出这款产品确实很有难度。但是既然当初我们给自己定了一个这么高的目标，也不想一下子就放弃，所以大家都硬着头皮开始做，想各种各样的办法。"王艳丽说道，"做100%苦荞面条，它需要一个系统的解决方案，从原料的处理到工艺的改造，每一步都要进行精心设计，最终才有可能成功。"

万年荞的原材料只有一种，就是形不成面筋的苦荞粉。可这是苦荞粉在原始状态下呈现出来的特性，如果通过一定的技术对苦荞粉进行改造呢？它能不能产生面筋网络呢？这是研发人员给自己出的题目,也是推动这项研发最关键的地方。只有先形成了面筋,才有可能生产出面条,否则一切都无从谈起。于是他们按照这个方向制订了研发计划,开始了漫长的试验过程。蒸汽熟化和高温挤压处理是他们经过无数个日夜的论证最终选定的改造工艺,这是非常具有独创意义的。当苦荞粉经过这些工艺的处理,产生了理想的面筋网络,并且淡化了原有微微发苦的口感时,研发人员简直不敢相信他们居然完成了这么艰巨的任务。

拥有了面筋网络的苦荞粉接下来就能被用作面条的生产了,但是这并没有大家想象得那么顺利。

"光是面条成形就成了很大的拦路虎。有的时候都坚持不到要生产面条的环节,在把苦荞粉做成面带的时候,它就断裂了。"王艳丽说道,"为了能做出面条来,我们一开始用的是挤压的方式,就类似于一些北方的家庭在制作饸饹面时用的工艺。挤压的确能让面条更容易成形,但是挤压出来的荞麦面从口感上更像粉条,而不像面条。而且这样做出来的荞麦面特别不容易煮熟,每次煮面之前都需要先浸泡很长时间。"

这项工艺宣告失败以后,研发人员不得不重新回到原点。既然做的是荞麦挂面,那最稳妥的方法就是沿用传统的挂面生产工艺,用压延而不是挤压的工艺来制作。

"我们连设备都没换,还是用之前的老设备。但是我们对工艺进行了精细的提升改进，也把设备的性能发挥到了极限。当时就连我们的设备厂商都感到非常惊讶，他们自己都不相信我们是用他们的设备生产的这款产品。"王艳丽笑着说，"整个生产过程可以说是惊心动魄的，因为每一个生产环节都会对产品产生生死攸关的意义。之前我们在做其他产品的时候，当然也希望整个生产过程是非常稳定的，能将波动控制在很小的范围。但实际上如果生产的是白面面条，稍微有一点波动，不会影响到正常生产。但是这款产品不同，每一个环节允许出现误差的范围都特别小，只要一不注意就会前功尽弃，所以对于生产的要求是极为严格的。"

在如此艰难的条件下，经过1000多个日夜的奋战，万年荞终于成功地生产了出来。白象创造性的工艺和技术不仅让这款荞麦面条拥有了极好的筋度和光滑度，同时也实现了非常好的口感，完全规避了苦荞粉的苦味。

用高纤维低麸质的苦荞粉来做荞麦面，不添加任何其他成分，万年荞的成功在行业内引起了极大的震动，这为中国食品业探索全谷物、杂粮产业开辟了一条新的道路。**万年荞的开发不仅给人们提供了更多健康化食品的选择，同时也具有很强的扶贫意义。因为荞麦的产区大部分都是贫困地区，荞麦的深加工对于当地的农民来说会带来可观的收益，这是白象践行企业社会责任的重要举措。**

在阳光房里晾晒的挂面

挂面和方便面一样都是速食产品,但是对于白象来说,速度只需要在消费者食用的时候得以体现就好。不管是挂面还是方便面的研发,"慢下来"才是常态,就连生产,很多时候也被要求"慢下来"。白象不是一家讲求速度的企业,他们最在乎的只有踏踏实实地做好产品。

"挂面因为保存的时间长,烹饪的时间短,而且和方便面相比,挂面不经过油炸,在家里可以搭配各种浇头,是很受家庭欢迎的。在很多地区,挂面还会成为人们餐桌上的主食。但是市场上的挂面一直存在一个很大的问题,就是它有一种特殊的口感和味道,这决定了它只能是挂面,替代不了更好吃的鲜面条。"白象研发中心挂面研发部总监王艳丽说道,"所以几年前白象就想要做一些颠覆性的产品,在便捷性上保留传统挂面的优势的同时,要在口感上和鲜面条匹敌。"

和鲜面条一样的挂面,在白象提出这样的目标之前,挂面研发部的同事们谁都没有吃过。在他们的传统认知中，这两种面条是不可能一样的，一种是脱水的干面条，一种是现切现煮的湿面条，两者的口感怎么能达到一致呢？因为无法说服自己，也没有研发的灵感，大家便前往全国各地去寻找有可能给自己带来一些启迪的鲜面条、手工挂面或者工业化生产的挂面。

"我们找了很多，但是感觉没有一款是能够达到我们所要求的目标的。至少在当时，挂面和鲜面之间还是有一道不可逾越的鸿沟。"王艳丽说道。

很长一段时间，他们都无法跳出固有思维的限制，想不通用现有的设备和技术怎么样才能做出颠覆性的挂面。这个问题一直到他们反复失败了无数次之后，他们才意识到应该从本源上重新思考。

"有段时间我们一直在想挂面的本质究竟是什么，这让整件事情峰回路转。事实上，挂面就是从新鲜面条演变过来的。如果我们在家里把手切的面条铺开放在面板上，过几天之后，面条中的水分慢慢流失了，它就会变成干面条。一旦变成干面条它的保质期就会变长，这不就是我们现在通过脱水工艺生产的挂面吗？可问题是，当我们把家里干掉的面条再放到水中煮的时候，它和鲜面条几乎没有太大的区别，但是我们的挂面就做不到这一点。为什么？我们觉得就是工艺的问题。"王艳丽说。

从源头上进行思考，让笼罩在大家心中的谜团一点点散开了。当人们在家里制作一碗面条的时候，大家都知道那不是几分钟就能做好的事情。面粉和水需要充分的时间来融合，面筋网络也需要足够的时间才能延展开来，想要面条变得筋道美味，擀面的时间也不能压缩……制作一碗好吃的面条，时间是其中非常重要的因素之一。而如果人们想要把这样的新鲜面条变成干面条，那就需要花更多的时间耐心等待，等着面条中的水分一点一点地慢慢流走，最后才会得到口感和鲜面条几乎没有差别的干面条。

于是，这个问题似乎迎刃而解了。当大家再次把目光聚焦到传统的挂面制作工艺上时发现它最缺乏的就是慢下来的时间。

"想通了这一点之后，我们真的就把时间放到了面条里。和好面以后，我们让面团慢慢地自然醒发，在时间的作用下，面团微微发酵，形成独特的面筋网络。在制作的过程中，我们的面团醒发还不止一次，我们研发出了创新的分段醒面的模式，就是要让时间充分地融入面团。接下来，在整个挂面的生产过程中，我们设计了八道压延、一道捶打、数次蒸面的复杂工艺，最终才将面条制作出来。而这样的面条和传统的挂面相比，就拥有了更加通透、软弹、易消化的优质面筋。"王艳丽说道。

然而经过这么复杂的过程，面条还只是到了成形的阶段，从新鲜的面条到最终脱水后的挂面，还需要时间慢慢地打磨。

"我们希望能用最古老、最自然的方法来做挂面。不让挂面在高温下快速烘干，而是让它在时间的作用下慢慢晾干。用这样的方法做出来的挂面才会拥有像鲜面条一样的口感。这是对本质进行深刻思考，对生活进行深入观察后才悟出来的道理。"王艳丽说，"当然现在回想起来的时候，其实所有这一切都还是白象一直在强调的，我们要用工业化的方式去精准地还原中华美食，这个过程其实就包含了工艺的还原，只是从家庭制作跨越至工业化生产后一定会发生一些改变，但本质上的东西是不能变的。"

于是，白象特意为这些面"盖"了阳光房，让面条在房子里慢慢地被晒干。阳光房的玻璃不是普通的玻璃，而是特殊定制的 Low-E 光学玻璃，能够更好地实现自然光照。在这样的阳光房里，有先进的通风系统、温湿度控制系统，相比过去人们在户外晒面，这些舒适的阳光房为面条提供了更加干净安全的环境。

"面粉中的一些活性物质、水里的微生物，在阳光和氧气的共同作用下，会发生一系列化学反应，这会让面条呈现出不同的风味。同时也会让面条产生轻微的微孔化。当时我们拿着晒好的面条去江南大学进行检测时就发现，我们的面比当时市场上其他挂面微孔化的比例更高。那么微孔化有什么好处呢？这代表着面条的复水性更好，吃完以后我们的胃会感觉到更舒服。"王艳丽说道，"直接在面粉里加酵母，是能够让面条在很短的时间内就产生微孔化的结构的，但是加了酵母以后，面条的口感又会发生很大的变化，因为酵母是有自己独特的风味的。所以白象做的挂面，它的微孔化结构完全是自然形成的。"

经过阳光温柔地抚摸，这款挂面无论是色泽还是口感上都非常独特，和没有经过自然晾晒的挂面截然不同。白象将这款产品命名为"慢晒"，单单是从产品名称上，就能感受到时间和自然的力量。

"慢晒"的独特之处并非只有这一点，它还是一款完全零盐的食品。标记在"慢晒"包装上的零盐，不仅仅意味着配方里不加盐，白象还要求每一样原材料里都不能含盐。就连和面的水也不会直接用自来水，而是要经过软水处理的，这样做就是为了确保能够实现完全零盐。而如果想要在这样的面条里加入一些菠菜汁、番茄汁等蔬菜汁，做成蔬菜面，那么这些蔬菜汁原料也要进行严格检测，是完全不能含盐的。

"其实国家的标准是每100克或100毫升食物中钠含量小于或等于5毫克，就可以标零盐，但是白象自己的标准是要高于国家标准的，我们要做的是100%零盐的产品。"王艳丽说道，"既然可以做零盐面条，为什么市场上的挂面绝大部分都是含盐的呢？如果大家在家里常常做面条，可能就会深有感触。对于面条来说，盐是骨头碱是筋，就像我们盖房子要有钢筋水泥一样，有了盐和碱打基础，面团就会产生更强大的面筋网络，我们吃到的面条也会更加筋道。所以一直以来这些速食面中都会有盐的添加。但是随着人们对健康的关注度越来越高，大家都希望能够吃到最天然的食品，白象也是在研发零盐产品上做了很多努力。如果直接把盐拿掉，我们在生产过程中会遇到很多问题。比方说，面条的口感会有变化。还有，对于挂面来说，因为不像从前那么筋道了，它在垂直烘干的过程中就会特别容易从晾晒的架子上掉下来，产生很多损耗。其实原来我们在面中加入的盐也是非常少的，但它们就是能在很少量的情况下起到画龙点睛的作用。那现在需要实现完全不添加的目标，我们就要一个一个地来攻克这些技术难关。通过不同面粉的配比，以及和不同工艺的结合，让面条达到之前的状态。"

在讲求速度的时代，在制作速度上却反其道而行之的"慢晒"，获得了两项自主创新专利，也获得了2019—2020年度中国方便食品行业最佳创新产品的荣誉。对于白象来说，这是他们慢下来，用心做好产品的理念获得的又一次认可。

有"裙边"的魔法面条

在白象制作的面条中,有一款一直被大家称作"魔法面条"。因为单从外表上看,它似乎只是一款普通的有一定宽度的干面条,但是当它被放到开水中一点一点煮熟的时候,就显现出了刀削面特有的外形,吃起来也完全是刀削面的口感。整个煮面的过程,面条就像被施了魔法一样,完全变了一副模样,这款"魔法面条"就是白象的明星产品——快刀削。

刀削面是山西的特色面食,被称为中国五大面食名品之一。和大部分需要刀切的面条不同,刀削面的制作工艺非常独特,完全是靠一把特制的面刀削出来的。所以刀削面的面体也独树一帜,它中间厚两边薄,形似柳叶,形成了自己与众不同的风格。

喜欢刀削面的人非常多,但是会做的人并不多。有些人即便会做,可能也因为工作太忙没有时间做,或者做得不如餐厅里吃到的那么正宗。正是看到了消费者的潜在需求,白象便决定开发一款像挂面一样方便的刀削面。这是白象用工业化的方式还原中华传统美食的一个经典案例，在研发理念上体现出了他们对于工业化以及工业食品的价值的深刻理解。借助于现代科技，食品工业完全可以在传承传统风味的前提下，制造出比个体制作更加安全、健康、营养的产品。

"刀削面的研发最难的地方在于它的工艺，因为它和其他的面条制作方法是不一样的。"白象研发中心挂面研发部总监王艳丽参与了快刀削的整个研发过程，当时的情景仍然历历在目，"我们当时跑遍了郑州大大小小的刀削面店，就是为了去研究削面的面刀。因为要进行工业化生产的前提，一定是具备了制作刀削面特有的面刀。"

然而事情并没有想象得那么顺利，一边在餐厅里品尝、研究，一边在车间里试验、生产，反复试了无数遍之后，还是没能成功。

"当时其实做了不少面刀，好不容易把刀削面特有的形状做出来了，但是在煮面的时候又出现了新的问题，总是两边薄的地方都要煮化了，中间还有一道硬硬的白心儿没煮熟。"

无奈之下，王艳丽和同事转换了方向。"我们得去刀削面的发源地，去找真正的刀削面大师，这样才有可能从源头上解决问题。"王艳丽说，"现在回想起来，这又是一个从本源上思考并成功解决问题的案例，也在不断提醒我们想要精准地还原中华美食，一定不是照猫画虎，而是要从根本上、从每一个细小的环节上去深入探索。后来我们在山西太原找到了刀削面的传承人之一，花了很长时间跟对方认真地学习了刀削面最传统的制作工艺。"

这一趟旅程给他们提供了很大的帮助，不仅让大家对刀削面的工艺有了更深刻的认识，而且让大家领略到了刀削面最正宗的口感。从太原回来后，大家就开始和设备厂商重新投入面刀的研发中。

"经过反复试验，我们最后研发出了一款造型独特的蝴蝶面刀。这款面刀应该说是很成功的，用它做出来的面条完全能够精准地将刀削面复刻出来。"方便面研发部制面研发组组长李芳说，"接下来就要解决面条在煮的过程中产生的问题了。"

"'魔法裙边'就是在这个时候发明出来的，它能够有效地避免面条在烹饪的过程中出现两边早已经煮熟，可是中间没熟的情况。"王艳丽接着说道，"这个'魔法裙边'在哪儿呢？大家仔细观察白象的刀削面会发现，面条的两边有很细微的波浪状结构，这个就是'魔法裙边'。那它怎么发挥作用呢？在煮面的时候，一开始我们是看不到这个'魔法裙边'的，等面煮上大约1分钟，面条中间已经煮到半熟的状态下，面条两边的'魔法裙边'才会显现出来。这时候，整根面条的软硬度都会处在同一个状态下，这样就能避免面条出现硬芯的情况。这是我们深入观察学习刀削面的制作原理后自主设计出来的一种独特的技术。"

因为创新型技术和工艺的支撑，白象最终成功地研发出了速食版的刀削面——快刀削。它并没有因为速食而在品质上打折扣，而是完美地保留了刀削面爽滑筋道的口感，是一次非常成功的复刻。

回想起过去每一款产品的研发，王艳丽很感慨："我觉得白象这么多年来一直秉承的就是负责任的、友好的、实实在在的理念，**不管做什么产品，我们都是一步一个脚印，没有做花里胡哨的东西，就是一点点死磕，一点点慢慢地往前推进，这么多年来一直没有变过。**我想也正是在这种理念的指导下，我们推出的产品才会受到越来越多消费者的钟爱。"

第五章

让中国的好面
走向世界

"
做食品就是做良心,
食品安全出一点问题都是伤天害理的。"

建设数字化工厂

2024年1月19日，白象华南生产基地项目在广东省河源市正式动工。此项目总投资10亿元，占地298亩，规划建设面积23万平方米，将建成一个低碳环保、自动化、智能化的生产基地。

而就在2023年5月，总投资约20亿元的白象产业园刚刚在开封签约。该项目为白象集团第二代智能标准化工厂，建成以后将实现年产约10万吨方便食品。2022年2月27日，白象集团平江生产基地项目在湖南省平江县举行奠基仪式。此项目总投资20.5亿元，占地面积224亩，将建设成一个集食品加工和高效仓储物流于一身的绿色环保、自动化、智能化的工厂。

在短短的一年多的时间内，白象同时启动了三个大规模的生产基地的建设来为他们的高速增长服务。

从2022年8月至2023年7月，根据弗若斯特沙利文数据，白象成为中国大陆全网方便面销售量第一名的品牌。而在2023

年"双十一"期间，白象登上天猫榜单方便面好价榜、好评榜、新品榜、热销榜四个榜单的第一名。在增势如此迅猛的背后，却存在着白象原有产能跟不上销售的尴尬。于是，白象不得不在短时间内快速兴建三个生产基地，解决产能不足的问题。

"事实上，这也正是我们建设数字化工厂的一个非常好的契机。作为深受大家喜爱的民族品牌，白象立足国内，放眼全球。我们的目标是要让这碗好吃的中国面走出国门，走向世界的。而极致的、高效的、智能和数字化的工厂将为此奠定重要的基础。"白象供应链中心设备管理部总监卜向晨说道。

推动数字化工厂的建设，让产业更加集成、自动，最终实现万物互联，是当前以及未来白象在生产基地建设中的方向，也是目前整个集团多个部门合力齐发在做的事情。

"在现阶段，我们的设备集成化程度还不够高，设备单体的自动化程度、智能化程度都需要升级，这是打造数字化工厂或者智能化工厂的前提和条件。这个升级的难度很大，需要结合设备的属性，结合我们质量和研发的要求，以及实际生产过程中的要求，在同时满足这些要求的情况下一步步推进设备单体的自动化和智能化。"卜向晨说。

目前，方便面行业中的顶级设备几乎都来自日本和德国，其中日本是方便面行业的鼻祖，行业成熟，设备也很尖端，而德国有着全世界顶级的工业制造水平。然而在白象的工厂里使用的设备80%都是国内生产的。

"这么做的目的不是节省成本。"卜向晨解释道,"白象希望和国内的设备厂商一起进行技术升级、共创,最终推动整个行业设备制造能力的升级。**白象在发展的同时,始终没有忘记它的上下游产业链,白象寻求的是全产业链的共同发展,这样对于整个行业来说才有更大的推动作用。**设备的智能化、自动化,和产品的研发要求、生产要求是息息相关的,因此在这些方面的关键控制点上,白象有自己的理念和想法。在和国内的设备厂商进行合作的时候,我们可以更顺畅地进行沟通、探讨,在积极向全球先进的生产线对标、学习的过程中,来实现我们自己的目标,最终制作出与我们更加适配的智能化设备和生产线。"

因为白象工厂建设的速度以及生产线的增速在行业里都是最快的,因此国内的设备供应厂家正加足马力为白象提供支持和服务,这为整个行业在短时间内完成技术的提升和飞跃带来了极好的契机。

目前,刚刚动工的河源、开封这两个生产基地都在按照全智能的方向建设。从设计端到制造端再到实施端,包括运营端,均按照数字化理念来推动。而对于以往的老的白象工厂,白象也在加速智能化的改造。

"我们会分析老工厂的一些不足，比如说，效率不能释放的问题，一些关键设备在添加物料时不稳定的问题，智能检测的问题等，在很多环节上我们会想办法植入一些更智能化的信息系统，对原先卡脖子的问题进行突破。而对于原有的自动混合系统、和面系统等，我们会植入更精准的计量方式和一些 AR 的技术来识别水分的含量等，提升品质管控的标准。虽然它们可能没办法像最新的工厂那样实现完全的数字化，但是在积极地改造升级之后，也能实现整个制造端更加智能化的目标。"卜向晨说。

在 2024 年，白象将有 94 条生产线投入生产，年产值能达到 230 亿元。这将为白象的中国面走向世界提供强有力的保障。

成为最受社会信赖的食品企业

从最初只有6万包生产线，到如今94条生产线同时开工，单单华南生产基地的年生产量预计就能达到5490万箱，如此巨大的生产规模，对于白象的品质管控提出了更高的要求。

在白象集团董事长姚忠良看来，成为最受社会信赖的食品企业是白象永远的追求，比起利润，这一点重要得多。"他常常跟我们说企业的责任是重于山的，做食品就是做良心，所以不光是我们品保部，其实白象的每一个员工都有这样的意识，我们都知道食品安全是一家食品公司的生命线，不能出现任何问题，所以我们在每一个环节上对产品的品质都有非常严格地把控。"就职于白象集团供应链中心品质保障部的乔超慧说道。

从6万包生产线到20万包生产线这一阶段，白象的生产设备还没有那么智能化，在品质管控上也全靠人。几乎每个岗位上都离不开人，产品的质量就全靠人的眼睛。然而随着白象的不断发展，引入的智能化设备越来越多，尤其是现在正在加速推进数字化工厂的建设,品质管控的手段也更加智能化,这使得品质管控的质量和效率都有了大幅提升。

"举个简单的例子,现在白象生产的每一块面饼都会通过机器检测,检测的内容也很多,比如,会检测面饼重量是否精确地达到了标准,面饼里是否有异物混入。只要发现异常,这块面饼就会自动被机器剔除。"乔超慧说。

2023年,白象集团投入了100多亿元,引进了自动化检测设备。检测项目实现了全覆盖,从原料到成品,每一个环节都需要经过严格的检测。

"对于原料我们是怎么来进行监管的呢?我们更多的是通过对供应商的评选把控来实现的。在选择供应商的时候,我们除了会检查供应商所应该具备的全部资质以外,还会派出专门的品控团队对供应商进行现场评鉴。这个评鉴是有完整的严格的标准的,评审部分包括他们的原料采购,也就是对供应商的供应商,我们也要有严格检查,然后还有他们的工艺流程、安全指标等。在全部合格以后,才会允许厂家准入。"乔超慧说道,"当然,这样的评鉴不是一劳永逸的。每年我们都会对供应商重新进行一次现场评审,同时我们还会采取飞行检查的方式,不通知供应商直接到现场检查,看他们平时的各项指标能不能满足我们的要求。"

白象企业文化部总监侯志勇已经在白象工作了20年,其中有一大半的时间，他都在和白象的供应商打交道。"白象对供应商是有评级制度的，有月度评级还有年度评级。2024年，我们还会成立供应商发展管理组，专职负责供应商评级以及评级后的后续工作。比方说，对评价完以后的不同层级的供应商要采取什么样的方法，就要由这个小组来管理。我们目前的供应商非常多，如果遇到评鉴不合格的，我们要淘汰；如果遇到有需要提升的，我们就要进一步帮助他们去提升。要帮助他们挖掘他们的成本管控能力、品质管控能力以及整个企业的运行效率。这样看起来好像我们提供了很多无偿服务，但实际上在帮助他们提升的过程中，白象也会收获更低的成本收益，以及更高的品质安全保障。白象一直希望能够带动产业链当中的上下游企业的成长，推动整个行业的进步。通过这样不断地筛选、提升，我们的供应商里就会出现更多与白象形成战略合作关系的供应商。这样的供应商不管是在成本管控还是原料的品质上，都会形成白象独有的壁垒，使得白象形成一个低成本、高效、高品质的供应链采购体系，从而提升白象的核心竞争力。"

即便是和白象有着战略合作关系的供应商，有时候也会在原料供应上无法满足白象的要求。"我们在原料采购的过程中遇到的最困难的地方，就是供应商有时候一下子满足不了白象的品质要求，这就会给我们双方带来很大的挑战。"侯志勇接着说道，"因为很多时候白象的要求是高于国标的，遇到这样的情况我们就得和供应商不断地沟通，一方面说服他们提升标准，一方面一起想办法来满足这样的标准，这都需要我们花费很大精力去推进。但这是非常重要的工作，从源头开始就对品质提出高要求，最终才有可能收获一款高质量的产品。"

白象所有的产品都会经过小试、中试，最后才会到量产。一旦确认量产，研发部门就会下发相应的产品技术标准，而品质保障部门则会依据这个产品标准以及自己的专业技术，制定品保方案，对生产环节进行监管。从源头到加工，再到产品的输出，这一过程都要得到非常严格的管控。品质保障部门会依据强大的专业能力，在产品生产出来前把可能出现的隐患都解决掉，达到防患于未然的目标。

以上都是白象内部的检测，除此之外，白象所有的产品都还需要进行外部检测，也就是要委托第三方对产品进行检查，确保出厂的每一款产品都是安全可靠的。

"白象目前已经获得了世界上很多国家和地区的多体系的质量认证，这意味着我们的产品在品质和安全上得到了国际的认可。"乔超慧说道，"事实上，白象自己对于产品质量和安全的要求，践行的几乎都是国际上最高的标准。"

品质的严格管控，为白象走向世界做好了最强有力的保障，然而真正要让不同国家的消费者喜欢上这碗好吃的中国面，还要在研发上下更大的功夫。

"2024年，白象整个研发中心的队伍就会有大规模的扩充，也会建设世界一流的研发试验室。我们希望自己研发的中国面不光是为中国的消费者服务，同时也要走出国门，让世界各地越来越多的消费者吃到高品质的创新的产品。而要达到这样的愿景，在研发上的投入是非常重要的。"白象研发中心副总裁徐庆说道。

打造世界一流的研发实验室不是一句口号，如今已经实实在在地落实到了研发中心的工作里，他们分六个重点来实现这样的目标。

"第一，要打造T型研发人才。研发人员在拥有多品类知识的同时，要在某一个领域深入地研究下去。具备扎实的研发能力，是最为重要的。第二，在研发中心内部打造一个优秀的全员质量管理的团队。在设计产品的时候，研发人员就必须考虑到产品质量问题，要制定出高标准来使得产品最终拥有过硬的质量。第三，要注重开放式创新。要和高校、科研机构，以及供应商，一起研究，做创新尝试。第四，要更多地去和消费者沟通，只闷头做研发是不行的。研发中心今年专门成立了消费者科学部门，他们的工作之一就是和消费者交流，对产品进行更加科学的测试，以便不断地对产品进行改进。第五，要更加关注健康化和可持续发展的问题。一方面我们要将产品做得越来越健康化，另一方面还要在环保可持续发展上下功夫，比方说，包装的去塑料化、包装减量等，这也是我们的产品将来更多地走向国际市场时非常需要关注的一个因素。第六，当然就是和一流实验室相匹配的硬件。"徐庆介绍道。

出色扎实的研发能力，为白象带来了源源不断的活力，尤其是近几年所推出的创新产品，受到了越来越多消费者的喜爱。而未来，他们将在更加强大的研发能力的支撑下，推出更多高品质、创新型的产品，引领整个品类不断地推陈出新。

成为全球可信的中国食品品牌

"提供中国美味的健康食品,幸福亿万家庭",是白象的使命。

27年来,白象从不吝惜在产品研发上的投入。为了找到消费者最喜欢的味道,研发人员的足迹踏遍大江南北,探索全国各地的特色美食。而为了将这些味道完美地呈现在产品中,他们更是不断地在味、汤、面、料以及工艺上进行钻研,寻求突破。专注食材的自然本味,还原地道的中国味道,做好一碗中国面,是白象一直的追求。

27年来,白象一直在坚守中国好品质,始终把产品安全、质量放在第一位。从原料到生产过程,再到终端货架,白象在每一个环节都坚持"安全问题零容忍,质量问题大于天"的管控要求,从来没有过一丝一毫的松懈。

27年来,白象始终在诚实守信、择善而行等中国精神的引领下向前发展。在用一颗至诚的心为消费者做好产品的同时,白象始终没有忘记作为一家民营企业所应该具有的家国情怀和责任担当，积极投身各项社会公益事业。不管是通过设立白象大学生救助基金、捐赠希望小学、与"少年急救官"达成公益战略合作等方式关注教育事业；还是在汶川地震、玉树地震、河南特大洪灾等自然灾害中挺身而出，捐款捐物，与灾民共渡难关，白象始终在尽自己所能，用点滴行动和长久的坚持推动社会向好发展。

作为深受消费者喜爱的国民品牌，白象的产品销售目前已经覆盖 76 个国家和地区，连接数亿消费者，获得了各国消费者的认可和青睐。在未来更长的时间里，白象仍将始终坚守中国品质，为亿万家庭带来中国美味的健康食品。同时，白象还将怀抱让中国食品品牌走向世界的美好愿景，肩负起向世界传播中国品牌的责任和义务，让全世界见证中国民族品牌的实力。

（全书完）

白象：如何做一碗中国好面

作者_杨杨

产品经理_刘洪胜　装帧设计_孙莹　产品总监_黄圆苑
技术编辑_丁占旭　责任印制_刘淼　策划人_李静

果麦
www.guomai.cn

以 微 小 的 力 量 推 动 文 明

图书在版编目（CIP）数据

白象：如何做一碗中国好面 / 杨杨著. -- 沈阳：万卷出版有限责任公司，2024. 12. -- ISBN 978-7-5470-6633-1

Ⅰ．F426.82

中国国家版本馆CIP数据核字第2024R9X528号

出 品 人：王维良
出版发行：万卷出版有限责任公司
　　　　　（地址：沈阳市和平区十一纬路29号　邮编：110003）
印 刷 者：北京盛通印刷股份有限公司
经 销 者：全国新华书店
幅面尺寸：145mm×210mm
字　　数：180千字
印　　张：7.25
出版时间：2024年12月第1版
印刷时间：2024年12月第1次印刷
责任编辑：王　越
责任校对：张　莹
装帧设计：孙　莹
ISBN 978-7-5470-6633-1
定　　价：58.00元
联系电话：024-23284090
传　　真：024-23284448

常年法律顾问：王　伟　版权所有　侵权必究　举报电话：024-23284090
如有印装质量问题，请与印刷厂联系。联系电话：021-64386496